미래와 통하는 책

동양북스 외국어 베스트 도서

...의 선택!

새로운 도서, 다양한 자료 동양북스 홈페이지에서 만나보세요!

www.dongyangbooks.com
m.dongyangbooks.com

※ 학습자료 및 MP3 제공 여부는 도서마다 상이하므로 확인 후 이용 바랍니다.

홈페이지 도서 자료실에서 학습자료 및 MP3 무료 다운로드

PC

❶ 홈페이지 접속 후 도서 자료실 클릭
❷ 하단 검색 창에 검색어 입력
❸ MP3, 정답과 해설, 부가자료 등 첨부파일 다운로드
* 원하는 자료가 없는 경우 '요청하기' 클릭!

MOBILE

* 반드시 '인터넷, Safari, Chrome' App을 이용하여 홈페이지에 접속해주세요. (네이버, 다음 App 이용 시 첨부파일의 확장자명이 변경되어 저장되는 오류가 발생할 수 있습니다.)

❶ 홈페이지 접속 후 ☰ 터치

❷ 도서 자료실 터치

❸ 하단 검색창에 검색어 입력
❹ MP3, 정답과 해설, 부가자료 등 첨부파일 다운로드
* 압축 해제 방법은 '다운로드 Tip' 참고

버전업! 가장 쉬운 태국어 첫걸음

한국외국어대학교 태국어통번역학과 교수
이병도 지음

동양북스

버전업! 가장 쉬운 태국어 첫걸음

개정 2판 12쇄 발행 | 2023년 3월 10일

지은이 | 이병도
발행인 | 김태웅
기획 편집 | 김현아
디자인 | 남은혜
일러스트 | 조지현
마케팅 | 나재승
제 작 | 현대순

발행처 | (주)동양북스
등 록 | 제2014-000055호
주 소 | 서울시 마포구 동교로22길 14 (04030)
구입문의 | 전화 (02)337-1737 팩스 (02)334-6624
내용문의 | 전화 (02)337-1762 dybooks2@gmail.com

ISBN 978-89-8300-576-2 03790

개정판을 출간하면서

태국은 1958년 우리나라와 외교관계를 수립한 이후 정치 · 경제 · 사회 · 문화 · 예술 · 체육 · 관광 등 여러 방면에서 우호관계를 유지해 오고 있다. 특히 1990년대 이후 한국인들과 한국기업들이 태국에 많이 진출하기 시작하고, 한류 열풍이 태국에 확산되면서 한국어와 한국문화를 배우고자 하는 태국인들이 급속히 증가하였다. 반면 많은 태국인 근로자들이 한국 기업에서 근무하면서 우리나라 경제에 크게 기여하게 되었고, 아울러 한국인과 다문화 가정을 이룬 태국인 이주 여성들도 증가하면서 현재 양국은 상호 불가분의 관계를 맺고 있는 이웃국가이다.

이 책은 저자가 10여 년 전에 출간한 『가장 쉬운 태국어 첫걸음』의 개정판으로, 발음편 및 본문의 예문을 대폭 수정하거나 새로운 예문을 추가하여 좀 더 다양한 표현의 태국어를 학습할 수 있도록 하였다. 특히 각 과에 수록한 기본 회화에 더욱 실용적인 예문으로 개정, 추가함으로써 실제 상황에 도움이 될 수 있도록 하였다.

끝으로 이 개정판을 출판하는데 지원과 격려를 아끼지 않으신 동양북스 김태웅 사장님, 그리고 교정과 편집에 도움을 주신 동양북스 편집부원 모든 분들께 감사를 드린다. 아울러 태국어 감수를 해주신 태국 국립 까셋쌋 대학교 쑤리랏 교수님께도 깊은 감사의 말씀을 전한다.

저자 이 병 도

차례

Contents

Contents

이 책의 활용법

1. 회화편

모두 20가지 주제별 회화 중심으로 구성되어 있으며, 회화문과 함께 단어 정리는 물론 핵심 문법 설명까지 꼼꼼하게 정리하였습니다. 태국어를 처음 배울 때 꼭 알아야 할 내용이 수록되어 있습니다. 또한 동양북스 홈페이지에서 회화편 강의를 누구나 수강하실 수 있습니다.

2. 문법편

흔히 어학 교재를 고를 때 회화와 문법 교재를 따로 사게 됩니다. 하지만 이 교재는 실용 회화와 문법 모두를 담고 있어 더욱 효율적이고 체계적인 상호 학습이 가능합니다. 초급 수준의 문법을 꼼꼼하게 확인하여 태국어 실력을 향상시킬 수 있습니다.

3. MP3

기본 회화, 실전 회화 전편이 수록되어 있습니다. 모든 회화를 원어민의 목소리로 녹음하여 듣고 따라 말하기 학습을 할 수 있습니다.

4. 무료 동영상 강의

인터넷을 이용할 수 있는 곳이라면 언제 어디서나 수강이 가능하도록 무료 동영상 강의를 만들었습니다. 동양북스 홈페이지(http://www.dongyangbooks.com)를 방문하시면 24시간 무료로 수강할 수 있습니다. 또한 스마트폰으로도 강의를 수강할 수 있습니다(m.dongyangbooks.com). 학원에 갈 시간이 없거나 빠른 시간 내에 태국어를 배우고 싶은 분들을 위한 최선의 서비스가 태국어 학습의 길잡이가 되어 드립니다.

이 책의 구성과 특징

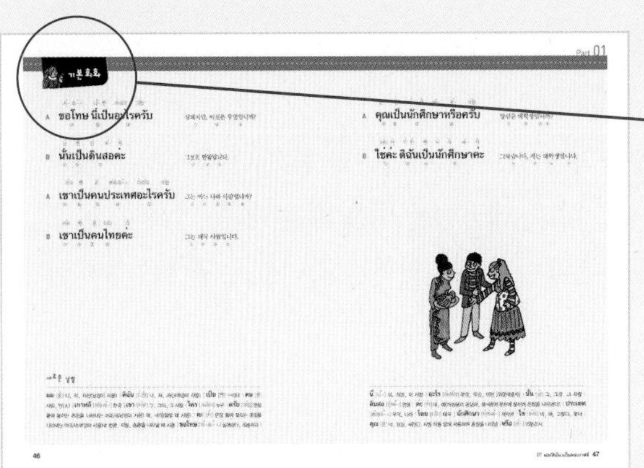

기본회화

꼭 알아야 할 문장과 단어를 정리했습니다. MP3 음원을 활용해 실제 상황에서 사용되는 태국어 표현의 발음을 익히고 문장을 암기하세요.

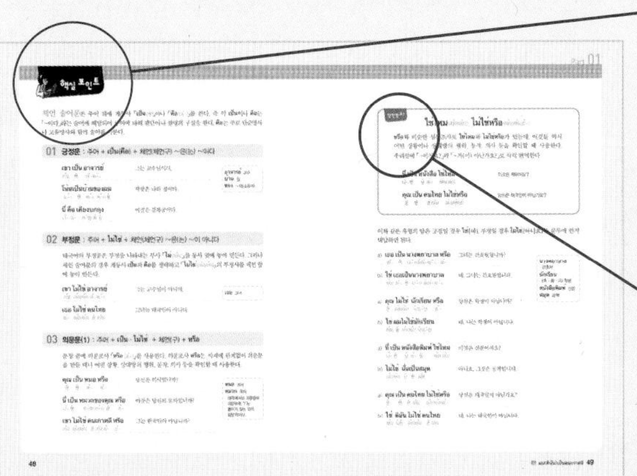

핵심 포인트

처음 태국어를 배우는 학습자가 꼭 알아야 할 문법을 정리했습니다. 다양한 예문과 자세한 설명을 통해 태국어 문법을 배워 보세요.

잠깐만요!

학습에서 필요한 문법이나 표현 등을 쉽게 설명해 놓았습니다. 꼼꼼하게 확인해 보세요.

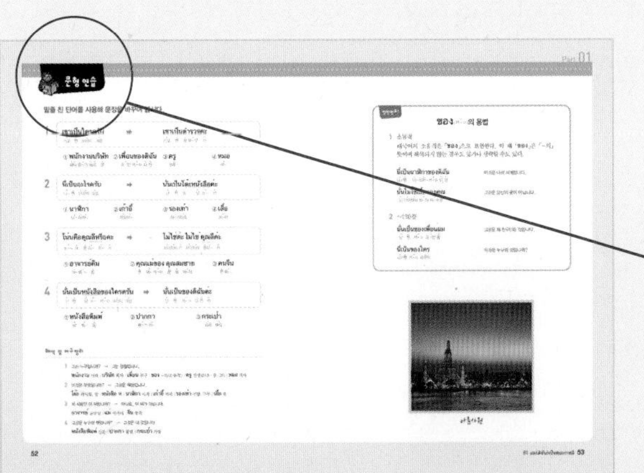

문형 연습

태국어와 한국어 문형을 비교하고 문장을 바꾸는 연습을 통해 실력을 향상시킬 수 있습니다.

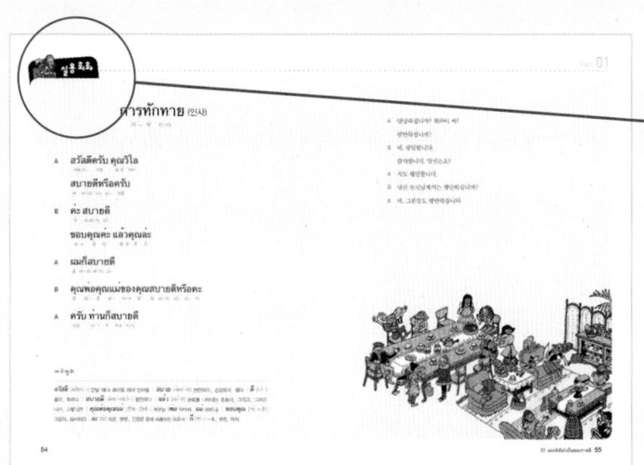

실용 회화

실전에서 유용하게 사용할 수 있는 회화문을 수록했습니다. MP3 음원을 활용하여 발음을 익히고 따라 해 보세요.

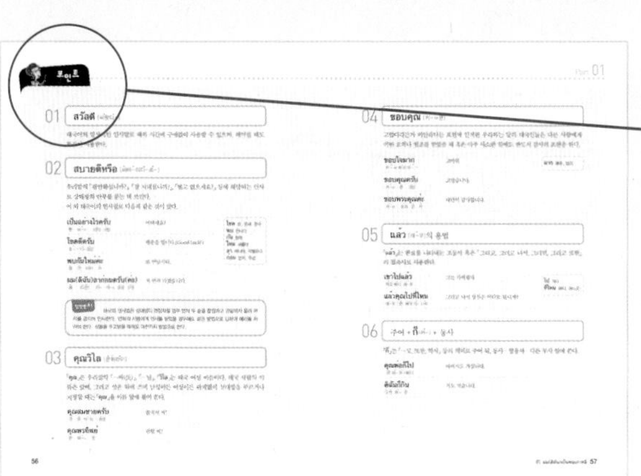

포인트

실용 회화에서 사용된 문법과 표현을 자세하게 정리했습니다. 문법과 표현이 실제로 어떻게 쓰이는지 배우고 연습할 수 있습니다.

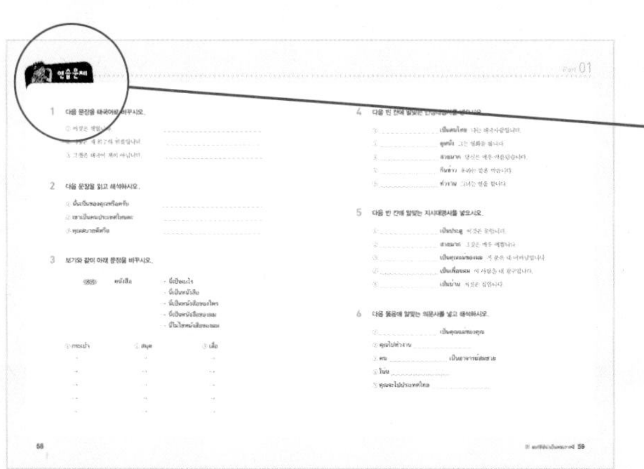

연습문제

앞에서 배운 내용을 확인하는 연습문제를 수록했습니다. 얼마나 잘 이해했는지 체크해 보고 틀린 문제는 다시 한 번 꼭 확인해 보세요.

문자와 발음

01 문자 : 태국어는 44자의 기본 자음, 32자의 기본 모음과 고유 숫자 10자로 되어 있다.

1 자음(พยัญชนะ 파얀́차́나)

태국어에는 21개 자음이 있으며 44자로 되어 있다. 하나의 자음을 발음할 때는 모음 **'어-'**를 붙여 발음한다.

순 서	자 음	명 칭	음 가	
			초자음	종자음
1	ก	꺼̄- 까̀이	ㄲ	ㄱ
2	ข	커̌- 카̀이	ㅋ	ㄱ
3	ฃ	커̌- 쿠̀엇	ㅋ	ㄱ
4	ค	커̄- 콰̄이	ㅋ	ㄱ
5	ฅ	커̄- 콘	ㅋ	ㄱ
6	ฆ	커̄- 라́캉	ㅋ	ㄱ
7	ง	응어̄- 응우̄-	ŋg	ㅇ
8	จ	쩌̄- 짜̄ㄴ	ㅉ	ㅅ
9	ฉ	처̌- 칭̌	ㅊ	–
10	ช	처̄- 차́ㅇ	ㅊ	ㅅ
11	ซ	써̄- 쏘̂-	ㅆ	ㅅ
12	ฌ	처̄- 처̄-	ㅊ	–
13	ญ	여̄- 잉̌	y	ㄴ
14	ฎ	더̄- 차́다̄-	ㄷ	ㅅ
15	ฏ	떠̄- 빠̀딱	ㄸ	ㅅ
16	ฐ	터̌- 타̌ㄴ	ㅌ	ㅅ
17	ฑ	터̄- 몬토̄-	ㅌ	ㅅ
18	ฒ	터̄- 푸̂- 타̂오	ㅌ	ㅅ
19	ณ	너̄- 네̄ㄴ	ㄴ	ㄴ
20	ด	더̄- 덱̀	ㄷ	ㅅ

순 서	자 음	명 칭	음 가	
			초자음	종자음
21	ต	떠- 따오	ㄸ	ㅅ
22	ถ	터- 퉁	ㅌ	ㅅ
23	ท	터- 타하-ㄴ	ㅌ	ㅅ
24	ธ	터- 통	ㅌ	ㅅ
25	น	너- 누-	ㄴ	ㄴ
26	บ	버- 바이마이	ㅂ	ㅂ
27	ป	뻐- 쁘라-	ㅃ	ㅂ
28	ผ	퍼- 픙	ㅍ	–
29	ฝ	훠- 화-	f	–
30	พ	퍼- 파-ㄴ	ㅍ	ㅂ
31	ฟ	훠- 환	f	ㅂ
32	ภ	퍼- 쌈파오	ㅍ	ㅂ
33	ม	머- 마-	ㅁ	ㅁ
34	ย	여- 약	y	이
35	ร	러- 르-아	ㄹ(*r*)	ㄴ
36	ล	러- 링	ㄹ(*l*)	ㄴ
37	ว	워- 왜-ㄴ	w	우
38	ศ	써- 싸-라-	ㅆ	ㅅ
39	ษ	써- 르-씨-	ㅆ	ㅅ
40	ส	써- 쓰-아	ㅆ	ㅅ
41	ห	허- 히-ㅂ	ㅎ	–
42	ฬ	러- 쭈라-	ㄹ(*l*)	ㄴ
43	อ	어- 아-ㅇ	ㅇ	–
44	ฮ	허- 녹후-ㄱ	ㅎ	–

주의! 자음 3번과 5번은 현재 사용하지 않는다.

자음은 중자음, 고자음, 저자음으로 분류되는데, 이 자음의 분류는 태국어의 성조를 규정짓는 데 매우 중요하므로 자음분류를 완전히 이해해야만 정확한 성조를 발음할 수 있다. 아래 펜맨쉽을 통해서 쓰는 방법과 자음의 분류를 익히도록 하자.

■ 중자음(อักษรกลาง 악써-ㄴ끌라-ㅇ) : 9자

자음	뜻	쓰기 연습						
ก 꺼-까이	닭	ก						
จ 쩌-짜-ㄴ	접시	จ						
ฎ 더-차다-	무용관	ฎ						
ฏ 떠-빠딱	장, 장대	ฏ						
ด 더-덱	아이	ด						
ต 떠-따오	거북이	ต						
บ 버-바이마이	나뭇잎	บ						

문자	뜻	쓰기 연습
ป 뻐-쁘라-	물고기	ป
อ 어-아-ㅇ	대야	อ

■ 고자음(อักษรสูง 악써-ㄴ쑤-ㅇ):10자

문자	뜻	쓰기 연습
ข 커-카이	알, 난(卵)	ข
ฉ 처-칭	징	ฉ
ฐ 터-타-ㄴ	받침대	ฐ
ถ 터-퉁	봉지	ถ
ผ 퍼-픙	벌	ผ
ฝ 훠-화-	뚜껑	ฝ

ศ 써̌-싸̌-라̄-	정자	ศ						
ษ 써̌-르̄-씨̌-	수도자	ษ						
ส 써̌-쓰̌-아	호랑이	ส						
ห 허̌-히̀-ㅂ	상자	ห						

■ 저자음(อักษรต่ำ 악써̌-ㄴ땀):23자

ค 커̄-콰̄-이	물소	ค						
ฆ 커̄-라́캉̄	종	ฆ						
ง 응어̄-응우̄-	뱀	ง						
ช 처̄-차́-ㅇ	코끼리	ช						

문자	뜻	발음
ซ	쇠사슬	써-쏘-
ฌ	나무 이름	처- 츠ㅓ-
ญ	여자	여-잉
ฐ	여자 이름	터-몬토-
ฒ	노인	터-푸-타오
ณ	사미승	너-네-ㄴ
ท	군인	터-타하-ㄴ
ธ	기	터-통

글자	뜻							
น 너-누-	쥐	น						
พ 퍼-파-ㄴ	쟁반	พ						
ฟ 훠-환	이, 치아	ฟ						
ภ 퍼-쌈파오	돛단배	ภ						
ม 머-마-	말	ม						
ย 여-약	도깨비	ย						
ร 러-르-아	배	ร						
ล 러-링	원숭이	ล						

ว 워-왜-ㄴ	반지	ว						
ฬ 러-쭈라-	연이름	ฬ						
ฮ 허-녹후-ㄱ	부엉이	ฮ						

2 모음(สระ 싸라)

태국어의 모음은 기본 모음이 32개이며 이들 모음은 **장모음**과 **단모음**으로 나뉜다. 장, 단모음의 구분 역시 태국어의 성조를 규정짓는 데 매우 중요하다. 모음의 위치는 자음을 중심으로 좌 · 우 · 상 · 하에 각각 위치하며, 좌 · 우 그리고 상에 동시에 오는 모음도 있다.

순서	단모음	발음	순서	장모음	발음
1	-ะ	아	2	-า	아-
3	-ิ	이	4	-ี	이-
5	-ึ	으	6	-ื	으-
7	-ุ	우	8	-ู	우-
9	เ-ะ	에	10	เ-	에-
11	แ-ะ	애	12	แ-	애-
13	โ-ะ	오	14	โ-	오-
15	เ-าะ	어	16	-อ	어-
17	-ัวะ	우어	18	-ัว	우-어
19	เ-ียะ	이야	20	เ-ีย	이-야
21	เ-ือะ	으아	22	เ-ือ	으-아
23	เ-อะ	의	24	เ-อ	의-

순서	단모음	발음	순서	장모음	발음
25*	ใ-	아이	26*	ไ-	아이
27*	เ-า	아오	28*	-ำ	암
29	ฤ	르, 리, 러	30	ฤๅ	르-
31	ฦ	르	32	ฦๅ	르-

주의! 기호「-」는 자음문자 위치를 표시한 것이며,「*」표를 한 (25), (26), (27), (28)번 모음은 읽을 때는 단모음으로, 성조법상에는 장모음으로 한다. (23)번과 (24)번 모음은 한국어로는 발음을 표시하기가 곤란하며 굳이 한다면「의」로 표기할 수밖에 없다.

모음을 발음할 때는 모음이라는 의미의 **สระ** 싸라를 앞에 붙여 발음한다. 아래 펜맨십을 통해 모음을 익히도록 하자.

-ะ	ะ						
-า	า						
-ิ	ิ						
-ี	ี						
-ึ	ึ						

-ື	ື						
-ຸ	ຸ						
-ູ	ູ						
ເ-ະ	ເ ະ						
ເ-	ເ						
ແ-ະ	ແະ						
ແ-	ແ						
ໂ-ະ	ໂ ະ						

โ-	โ
เ-าะ	เาะ
-อ	อ
-ัวะ	ัวะ
-ัว	ัว
เ-ียะ	เียะ
เ-ีย	เีย
เ-ือะ	เือะ

เ-ือ	เือ						
เ-อะ	เอะ						
เ-อ	เอ						
ไ-	ไ						
ใ-	ใ						
เ-า	เา						
-ำ	ำ						
ฤ	ฤ						

ฤๅ	ฤๅ						
ฦ	ฦ						
ฦๅ	ฦๅ						

3 숫자

태국어의 숫자는 아라비아 숫자와 고유숫자를 혼용하여 사용한다. 아라비아 숫자보다는 고유숫자를 사용하는 경우가 더 많으므로 반드시 익혀두기 바란다.

1 ๑ 능̀	๑						
2 ๒ 써̌-ㅇ	๒						
3 ๓ 싸̌-ㅁ	๓						
4 ๔ 씨̀-	๔						

5	๕ 하̂-	๕
6	๖ 혹̀	๖
7	๗ 쨋̀	๗
8	๘ 빼̀-ㅅ	๘
9	๙ 까̂오	๙
10	๑๐ 씹̀	๑๐

02 성조법 및 발음의 예외

1 성조법

태국어의 모든 음절은 성조(聲調)를 수반한다. 즉 태국어의 모든 음절은 다섯 개의 성조, 즉 1성, 2성, 3성, 4성, 평성 중 어느 하나에 속하며 이 성조에 따라 발음된다.

성조란 자음과 모음이 결합된 하나의 음절로 발음할 때 음의 처음부터 끝, 즉 시작부터 끝까지의 고저(高低)를 어떻게 소리내느냐 하는 음의 변화상태를 말하며, 음절 구성상 자음이나 모음과 같은 중대한 구실을 하고 있다. 따라서 성조에 따라 음의 높낮이가 달라지는 것은 물론이며 각각 전혀 다른 뜻을 가지게 된다.

태국어의 성조는 영어와 같은 다음절어에서의 Accent와도 다르고, 우리말의 사과(과일), 사-과(謝過)와 같은 장 · 단음과도 다르다. 즉 성조는 음의 고저(高低)이지 강약이 아님을 주의해야 한다.

태국어에서 음절로 발음하는 것은 단지 음(音)일뿐 의미를 갖는 어(語)는 되지 못한다. 여기에 성조가 가해져 비로소 의미를 갖게 되는 것이다. 그러므로 성조는 태국어의 음절 학습에서 필수불가결한 것이다.

태국어의 성조를 도표로 표시하면 다음과 같다.

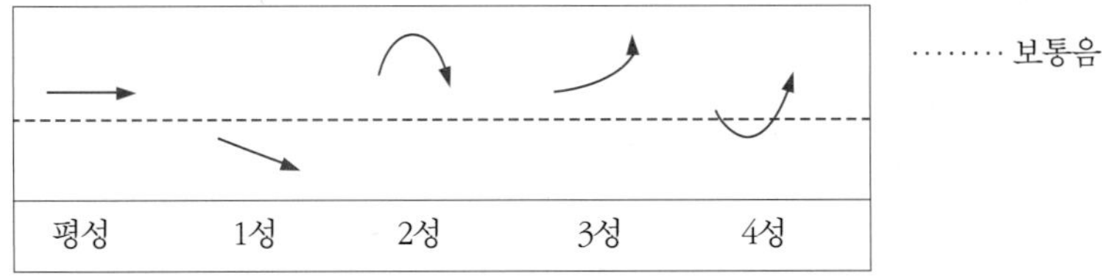

- **평성** : 평소 보통 높이 억양으로 발음한다. 이 책에서는 「−」으로 표기.
- **1성** : 보통 내는 소리에서 낮아지게 발음한다. 이 책에서는 「↘」로 표기.
- **2성** : 보통 소리보다 높은 위치에서 시작하여 약간 올렸다가 낮아지게 발음한다. 이 책에서는 「∧」로 표기.
- **3성** : 평성의 위치보다 약간 높은 데서 시작하여 2성이 시작하는 데까지 올렸다가 거의 평성의 위치까지 낮게 발음한다. 이 책에서는 「↗」으로 표기.
- **4성** : 평성보다 조금 낮은 소리에서 시작하여 평성의 위치까지만 상승하며 발음한다. 이 책에서는 「∨」로 표기.

태국어의 성조는 무형성조와 유형성조로 구분된다. 성조부호를 사용하지 않고 자음의 종류와 모음의 장 · 단 그리고 종자음에 따라 5성으로 되는 것이 무형성조이고, 네 개의 성조부호를 사용해서 성조를 만드는 것이 유형성조이다.

일반적으로 성조의 형이 결정되려면 각 음절에서 다음과 같은 것이 고려되어야 한다.

① 자음이 저자음, 중자음, 고자음 중 어디에 속하는가?

② 종자음이 생음(生音)인가 사음(死音)인가?

③ 모음이 장모음인가 단모음인가?

④ 성조부호가 있는가 없는가?

⑤ 특별한 성조를 가진 예외어인가 아닌가?

태국어에서 성조를 완벽히 이해하기 위해서는 이 다섯 가지 사항을 항상 염두에 두어야 정확한 발음을 할 수 있다.

■ 무형성조

앞서 언급한 바와 같이 태국어의 기본자음은 현재 쓰이지 않는 두 자를 포함하여 44자로 되어 있으며, 태국어의 독특한 성조를 구분하기 위하여 이들을 중자음, 고자음 및 저자음의 3급으로 분류한다. 이 각급의 자음은 필히 모음과 결합하여 하나의 음절을 이루는데 이 모음의 종류(단모음 또는 장모음)에 따라 각기 다른 성조를 나타낸다. 따라서 이 자음 분류를 완전히 이해하는 것이 태국어의 정확한 성조를 나타내는데 필요한 첫 단계이다. 자음의 분류를 다시 정리해 보면 다음과 같다.

자음의 분류

① 중자음: 9자

ก จ ฎ ฏ ด ต บ ป อ

② 고자음: 10자

ข ฉ ฐ ถ ผ ฝ ศ ษ ส ห

③ 저자음: 23자

ค ฆ ง ช ซ ฌ ญ ฑ ฒ ณ ท

ธ น พ ฟ ภ ม ย ร ล ว ฬ ฮ

자음의 분류를 공부했으니 모음을 결합시켜 아래 공식에 따라 성조를 공부해 보기로 하자 (장모음 · 단모음의 구분은 앞의 모음표를 보자).

가. 종자음이 없을 경우

중자음 + 단모음 = 1성	**중자음 + 장모음 = 평성**
고자음 + 단모음 = 1성	**고자음 + 장모음 = 4성**
저자음 + 단모음 = 3성	**저자음 + 장모음 = 평성**

① 중자음 + 단모음 = 1성

เบาะ	버	(방석, 깔개)	**จะ**	짜	(미래조동사)
เตะ	떼	(〈발로〉 차다)	**แกะ**	깨	(양〈羊〉, 조각하다)
โปะ	뽀	(쌓아올리다)	**ดุ**	두	(사납다, 꾸짖다)

② 고자음 + 단모음 = 1성

ผัวะ	푸어	(찰싹 때리는 소리)	**สิ**	씨	(권유조동사)
เถอะ	터	(명령, 권유 어조사)	**แฉะ**	채	(질퍽거리다)

③ 저자음 + 단모음 = 3성

แยะ	얘	(많다)	**เคาะ**	커	(〈문을〉 두드리다)
แวะ	왜	(들르다)	**ละ**	라	(-당, 마다)
เยอะ	여	(많다)	**ซิ**	씨	(권유어조사)

④ 중자음 + 장모음 = 평성

ดี	디-	(좋다)	**กา**	까-	(주전자)
อา	아-	(숙부)	**ปี**	삐-	(해, 년〈年〉)
โต	또-	(크다)	**เจอ**	쩌 -	(만나다)

⑤ 고자음 + 장모음 = 4성

สี	씨-	(색〈色〉)	**ขอ**	커-	(요구하다, 청하다)
เสือ	쓰-아	(호랑이)	**หัว**	후-어	(머리)
ผี	피-	(귀신)	**หา**	하-	(찾다)

⑥ 저자음 + 장모음 = 평성

ยา	야-	(약)	**วัว**	우-어	(소)
มี	미-	(가지고 있다)	**คอ**	커-	(목)
รอ	러-	(기다리다)	**เมีย**	미-야	(아내, 처)

지금까지는 종자음이 없는 음절들의 성조를 공부해 보았다. 이제 종자음이 있을 경우 성조는 어떻게 변하는지 살펴보기로 하자.

태국어의 종자음은 크게 생음(개운: 음이 계속 울린다.)과 사음(폐운: 발음기관의 어느 한 부분을 막고 숨을 그친다.)으로 나뉘며, 일반적으로 생음은 ㄴ(*n*), ㄹ(*r. l*), ㅁ(*m*), ㅇ(*ŋ*), y, w으로, 사음은 ㄱ(*k*), ㅅ(*t*), ㅂ(*p*)으로 종자음을 이룬다. 태국어에서 자음이 종자음으로 사용될 때의 음가는 다음과 같다.

① **ก ข ค ฆ** ………………… ㄱ(*k*) ┐
② **จ ช ซ ฎ ฏ ฐ ฑ** ………………… ㅅ(*t*) │ 사음
ฒ ด ต ถ ท ธ ศ ษ ส
③ **บ ป พ ฟ ภ** ………………… ㅂ(*p*) ┘
④ **ง** ………………… ㅇ(*ŋ*) ┐
⑤ **ม** ………………… ㅁ(*m*) │
⑥ **น ญ ณ ร ล ฬ** ………………… ㄴ(*n*) │ 생음
⑦ **ย** ………………… 이(*y*) │
⑧ **ว** ………………… 우(*w*) ┘

※ **ย, ว**은 종자음으로 쓸 때 각각「이」,「우」의 모음발음이 난다. 그리고 태국어에는 ㄹ(*l*)음의 종자음이 없어 ㄴ음으로 발음한다.

กาย	까̄-이	**ขาว**	카̌-우
สาร	싸̌-ㄴ	**ซาล**	싸̄-ㄴ

※ **ฉ, ฌ, ผ, ฝ, ห, อ, ฮ**은 태국어에서 종자음으로 사용하지 않는다.

나. 종자음이 있을 경우

> 중자음 + 단모음 + 종자음(사음) = 1성
> 고자음 + 단모음 + 종자음(사음) = 1성
> 저자음 + 단모음 + 종자음(사음) = 3성

중자음 + 장모음 + 종자음(사음) = 1성
고자음 + 장모음 + 종자음(사음) = 1성
저자음 + 장모음 + 종자음(사음) = 2성

중자음 + 단(장)모음 + 종자음(생음) = 평성
고자음 + 단(장)모음 + 종자음(생음) = 4성
저자음 + 단(장)모음 + 종자음(생음) = 평성

① 중자음 + 단모음 + 종자음(사음) = 1성

จุด	쭛	(점, 〈불을〉 붙이다)	**ปิด**	삣	(막다, 닫다)
บุก	북	(쳐들어가다)	**ดิบ**	딥	(익지 않다, 날것이다)

② 고자음 + 단모음 + 종자음(사음) = 1성

สิบ	씹	(열, 10)	**สุก**	쑥	(익다)
ฝึก	흑	(연습하다)	**ขุด**	쿳	(파다)

③ 저자음 + 단모음 + 종자음(사음) = 3성

คิด	킷	(생각하다)	**นึก**	늑	(느끼다)
ทุก	툭	(모든)	**ลึก**	륵	(깊다)

④ 중자음 + 장모음 + 종자음(사음) = 1성

กาก	까-ㄱ	(찌꺼기)	**บอก**	버-ㄱ	(말하다)
ออก	어-ㄱ	(나아가다)	**ตาก**	따-ㄱ	(〈햇볕에〉 쬐다, 말리다)
จูบ	쭈-ㅂ	(입맞추다)	**บาป**	바-ㅂ	(〈종교상〉 죄)

⑤ 고자음 + 장모음 + 종자음(사음) = 1성

สาก	싸-ㄱ	(절구공이)	**ผูก**	푸-ㄱ	(매다, 묶다)
ฉีด	치-ㅅ	(분사하다, 주사하다)	**ฝาก**	화-ㄱ	(맡기다)
ถอด	터-ㅅ	(〈옷, 모자 등〉 벗다)	**โศก**	쏘-ㄱ	(슬프다)

⑥ 저자음 + 장모음 + 종자음(사음) = 2성

ซีด	씨-ㅅ	(창백하다)	**ทอด**	터-ㅅ	(튀기다)
มาก	마-ㄱ	(많다)	**พูด**	푸-ㅅ	(말하다)
โรค	로-ㄱ	(병〈病〉)	**แคบ**	캐-ㅂ	(좁다)

⑦ 중자음 + 단모음 + 종자음(생음) = 평성

บิน	빈	(날다)	**จึง**	쯩	(그러므로)
กิน	낀	(먹다)	**ดึง**	등	(당기다)

⑧ 고자음 + 단모음 + 종자음(생음) = 4성

หิน	힌	(돌)	**ขิง**	킹	(생강)
ถุง	퉁	(자루, 봉지)	**สิน**	씬	(재산, 자산)

⑨ 저자음 + 단모음 + 종자음(생음) = 평성

ลุย	루이	(〈강 따위를〉 건너다)	**ริม**	림	(가장자리)
คุณ	쿤	(당신, …씨〈氏〉)	**ยุง**	융	(모기)

⑩ 중자음 + 장모음 + 종자음(생음) = 평성

กาม	까-ㅁ	(욕구, 성욕)	**บาน**	바-ㄴ	(〈꽃이〉 피다)
จีน	찌-ㄴ	(중국)	**ปืน**	쁘-ㄴ	(총)
แดง	대-ㅇ	(빨갛다)	**ทวง**	짜-ㅁ	(재채기하다)

⑪ 고자음 + 장모음 + 종자음(생음) = 4성

สาน	싸-ㄴ	(엮다, 짜다)	**หาง**	하-ㅇ	(꼬리)
ของ	커-ㅇ	(물건, …의)	**ถาม**	타-ㅁ	(묻다)
ผอม	퍼-ㅁ	(여위다)	**สูง**	쑹-ㅇ	(높다, 〈키〉 크다)

⑫ 저자음 + 장모음 + 종자음(생음) = 평성

คีม	키-ㅁ	(집게)	**นาน**	나-ㄴ	(오랫동안)
ชาม	차-ㅁ	(대접)	**ยาว**	야-우	(〈거리〉 길다)
ลอย	러-이	(〈물에〉 뜨다)	**คูณ**	쿠-ㄴ	(곱하다)

■ 유형성조

앞에서 배워 온 바와 같이 성조부호를 사용하지 않고 자음의 종류와 모음의 장 · 단 그리고 종자음의 생음과 사음에 따라서 5성으로 되는 무형성조법을 공부해 보았다. 이제 아래의 성조부호를 사용해서 5성을 만드는 유형성조를 공부해 보자.

이 유형성조는 음절에 성조부호 표시가 되어 있어 무형성조보다는 훨씬 익히기 쉽다. 즉 성조부호가 있는 음절은 모음의 장 · 단, 종자음의 생 · 사음과는 관계없이 성조부호가 있는 자음이 중자음, 고자음, 저자음 중 어떤 자음이냐에 따라 성조가 결정된다.

태국어의 성조부호는 아래 네 가지가 있다.

성조부호	명칭
" ่ "	ไม้เอก 마이 에-ㄱ
" ้ "	ไม้โท 마이 토-
" ๊ "	ไม้ตรี 마이 뜨리-
" ๋ "	ไม้จัตวา 마이 짯따와-

※ 성조부호의 위치는 초자음의 오른쪽에 위치하며, 초자음 위에 모음이 있으면 그 모음 오른쪽에 위치한다.

예 ไก่ ตู้ เกี๊ยว เป๋ ซื้อ

■ 성조부호 쓰는 법

่ 마이에-ㄱ	่						
้ 마이토-	้						
๊ 마이뜨리-	๊						
๋ 마이짯따와-	๋						

가. 음절과 성조부호 관계

① 중자음 음절 관계

중자음 음절에 “ ่ ” 부호가 오면 1성
중자음 음절에 “ ้ ” 부호가 오면 2성
중자음 음절에 “ ๊ ” 부호가 오면 3성
중자음 음절에 “ ๋ ” 부호가 오면 4성

แต่	때-	1성	**อ้าง**	아-ㅇ	2성
บ่อ	버-	1성	**โจ๊ก**	쪼-ㄱ	3성
เก๋	께-	4성	**ตู้**	뚜-	2성

② 고자음 음절 관계

고자음 음절에는 “ ่ ”, “ ้ ” 두 개의 부호만이 사용된다.
고자음 음절에 “ ่ ” 부호가 오면 1성
고자음 음절에 “ ้ ” 부호가 오면 2성

ผ่า	파-	1성	**สี่**	씨-	1성
ข้าว	카-우	2성	**ห้อง**	허-ㅇ	2성

③ 저자음 음절 관계

저자음 음절에는 “ ่ ”, “ ้ ” 두 개의 부호만이 사용된다.
저자음 음절에 “ ่ ” 부호가 오면 2성
저자음 음절에 “ ้ ” 부호가 오면 3성

ย่า	야-	2성	**แม่**	매-	2성
พี่	피-	2성	**ช้า**	차-	3성
ฟ้า	화-	3성	**ล่อ**	러-	2성
รู้	루-	3성	**ท้อง**	터-ㅇ	3성

지금까지 배운 성조법에 따른 각 음절의 무형성조 및 유형성조를 아래 표를 보고 다시 한번 공부해 봅시다.

무형성조

① 종자음이 없는 경우

중자음				1성		중자음				0성
고자음	+	단모음	=	1성		고자음	+	장모음	=	4성
저자음				3성		저자음				0성

② 종자음이 있는 경우

중자음						1성		중자음						1성
고자음	+	단모음	+	사음	=	1성		고자음	+	장모음	+	사음	=	1성
저자음						3성		저자음						2성

중자음						0성
고자음	+	단(장)모음	+	생음	=	4성
저자음						0성

유형성조

성조부호 / 자음	่	้	๊	๋
중자음	1	2	3	4
고자음	1	2	-	-
저자음	2	3	-	-

2 발음의 예외

태국어의 발음은 앞서 배운 기본 자음, 기본 모음과 성조법에 따라 발음하면 된다. 그러나 이에 준하지 않는 몇 가지 발음규칙들이 있는데, 꼭 알아두어야 정확한 발음을 할 수 있으므로 아래 사항들을 반드시 숙지하기 바란다.

가. **ห** [허̌-히̀-ㅂ]이 **ง, ญ, น, ม, ร, ล, ย, ว** 앞에 올 때는 **ห**이 발음 되지 않고, 성조는 **ห**, 즉 고자음에 따른다.

มา 마- (논) (저자음 + 장모음 = 평성)	**หมา** 마- (개) (고자음 + 장모음 = 4성)
มี 미- (가지고 있다) (저자음 + 장모음 = 평성)	**หมี** 미- (곰) (고자음 + 장모음 = 4성)
วัด 왓 (사원) (저자음 + 단모음 + 사음 = 3성)	**หวัด** 왓- (감기) (고자음 + 단모음 + 사음 = 1성)

나. **อ** [어̄-아̀-ㅇ]이 **ย** [여̄-약́] 앞에 오면 **อ**은 발음 되지 않고, 성조는 **อ**, 즉 중자음에 따른다.

อยู่ 유- (있다〈계시다〉, 살다, 존재하다)
(중자음 + " ่ " 부호 = 1성)
อย่า 야- (금지 명령조동사, …하지 마세요)
(중자음 + " ่ " 부호 = 1성)
อย่าง 야-ㅇ (종류, 양식, ~처럼)
(중자음 + " ่ " 부호 = 1성)
อยาก 야-ㄱ (원하다, 바라다)
(중자음 + 장모음 + 사음 = 1성)

다. **ท** [터̄-타́하̌-ㄴ]과 **ร** [러̄-르̄-아]가 붙어 있을 때 **ซ** [써̄-쏘̂-]로 발음하며, 성조도 **ซ**, 즉 저자음에 따른다.

ทราบ 싸-ㅂ (알다, 이해하다)
(저자음 + 장모음 + 사음 = 2성)
ทราย 싸-이 (모래)
(저자음 + 장모음 + 생음 = 평성)

라. **จ, ฉ, ช, ซ, ศ, ษ, ส** 자음을 제외한 다른 초자음 다음에 **ร**나 **ล**이 오면 이중 자음이 되는데, 이 때는 첫 자음에 모음 "ㅡ"를 붙여 발음하며 성조는 앞 자음에 따른다.

ปลา 쁘라- (물고기)
(중자음 + 장모음 = 평성)

กระดาษ 끄라다-ㅅ (종이)
(중자음 + 단모음 = 1성, 중자음 + 장모음 + 사음 = 1성)

พระ 프라 (승려)
(저자음 + 단모음 = 3성)

ประเทศ 쁘라테-ㅅ (국가)
(중자음 + 단모음 = 1성, 저자음 + 장모음 + 사음 = 2성)

마. 한 낱말에서 **ร**가 **จ, ศ, ส** 뒤에 오거나 종자음 바로 앞에 올 때 **ร**는 묵음이 되며, 성조는 앞 자음에 준한다. 이런 낱말은 많지 않으므로 별도로 기억하면 된다.

จริง 찡 (진실로, 사실로)
(중자음 + 단모음 + 생음 = 평성)

สร้าง 싸-ㅇ (세우다, 건설하다)
(고자음 + " ้ " 부호 = 2성)

สระ 싸 (연못, 〈머리를〉 감다, 씻다)
(고자음 + 단모음 = 1성)

바. 모음이 없이 두 자 또는 두 자 이상의 자음만으로 음절을 이룰 때는 단모음 **โ-ะ** [오] 또는 단모음 **-ะ** [아]가 생략된 것으로 간주한다. 즉 두 자의 자음만이 있을 경우 두 번째 자가 종자음이 되며, 세 자의 자음이 나란히 있을 경우 첫 번째 자는 단모음 **-ะ** [아], 두 번째 자는 단모음 **โ-ะ** [오]가 생략된 것으로 간주한다.

คน 콘 (사람)
(저자음 + 단모음 + 생음 = 평성)

ตก 똑 (떨어지다)
(중자음 + 단모음 + 사음 = 1성)

กบฏ 까봇 (반란)
(중자음 + 단모음 = 1성, 중자음 + 단모음 + 사음 = 1성)

사. 종자음에 모음이 있을 경우 이 모음은 발음하지 않는다.

ชาติ 차-ㅅ (국가, 나라)
(저자음 + 장모음 + 사음 = 2성)
เกียรติ 끼-얏 (명예) **ร**는 묵음임.
(중자음 + 장모음 + 사음 = 1성)
เหตุ 헤-ㅅ (이유)
(고자음 + 장모음 + 사음 = 1성)

아. 특유모음의 발음

① **-ั** : 단모음 **-ะ** [아] 음으로 발음한다.

กัน 깐 (함께)
(중자음 + 단모음 + 생음 = 평성)
จับ 짭 (붙잡다)
(중자음 + 단모음 + 사음 = 1성)

② **เ-ิ** : 장모음 **เ-อ** [어-] 음으로 발음한다.

เดิน 더-ㄴ (걷다)
(중자음 + 장모음 + 생음 = 평성)
เริ่ม 러-ㅁ (시작하다)
(저자음 + " ่ " 부호 = 2성)

③ **-ร** : **-อน** [어-ㄴ] 음으로 발음한다.

จร 쩌-ㄴ (왕래하다)
(중자음 + 장모음 + 생음 = 평성)
กร 꺼-ㄴ (행위자)
(중자음 + 장모음 + 생음 = 평성)

④ **-รร** : **-ัน** [안] 음으로 발음한다.

บรรทุก 반툭 (〈물건을〉 적재하다)
(중자음 + 단모음 + 생음 = 평성, 저자음 + 단모음 + 사음 = 3성)
บรรเทา 반타오 (완화되다, 경감되다)
(중자음 + 단모음 + 생음 = 평성, 저자음 + 장모음 = 평성)

⑤ **-รร-** : -ั [아] 음으로 발음한다.

กรรม 깜 (응보, 업보)
(중자음 + 단모음 + 생음 = 평성)
ธรรม 탐 (계율, 도덕)
(저자음 + 단모음 + 생음 = 평성)

⑥ **-ว-** : -ัว [우-어] 음으로 발음한다.

ขวด 쿠-엇 (유리병)
(고자음 + 장모음 + 사음 = 1성)
สวย 쑤-어이 (예쁘다, 아름답다)
(고자음 + 장모음 + 생음 = 4성)

⑦ **-วา-** : **วา** [와-] 발음으로 발음한다.

กวาง 꽈-ㅇ (사슴)
(중자음 + 장모음 + 생음 = 평성)
ควาย 콰-이 (물소)
(저자음 + 장모음 + 생음 = 평성)

자. 모음 -ื [으-]를 종자음 없이 사용할 때는 반드시 **อ** 를 동반한다.

มือ	므-	**มืด**	므^-ㄷ
ถือ	트ˇ-	**ถึก**	트`-ㄱ

차. 특수 발음

다음 단어의 경우 모음과 결합하지 않고 자음 단독으로 음절을 이룬다.

ณ 나´- (…에, 시간이나 장소를 나타낼 때 사용)
ก็ 꺼^- (…도, 역시, 또한)
บ่ 버`- (부정사, 북부 및 동북부지방의 방언)

03 기타부호 및 용도

아래 부호들은 자주 쓰이는 것들이니 그 명칭과 용도를 잘 알아두기 바란다.

① ็ (ไม้ไต่คู้ 마이따이쿠–)

장모음을 단모음화하는 데 사용한다.

เล็ก 렉	작다	เด็ก 덱	아이
เป็ด 뻿	오리	เจ็ด 쩻	일곱, 7

② ฯ (ไปยาลน้อย 빠이 야–ㄴ 너–이)

긴 이름이나 칭호를 생략할 때 단어 맨 뒤에 붙여 사용한다.

กรุงเทพฯ 끄룽 테–ㅂ	방콕	กรมฯ 끄롬	국〈局〉, 청〈廳〉

③ ฯลฯ (ไปยาลใหญ่ 빠이 야–ㄴ 야이)

여러 가지 것을 나열할 때 "등등"에 해당되는 말이다.

หนังสือ	ดินสอ	ปากกา	ฯลฯ
낭 쓰–	딘 써–	빠–ㄱ 까–	
책,	연필,	볼펜,	등등

④ ๆ (ไม้ยมก 마이 야목)

단어나 단어의 집단을 반복해서 사용할 경우, 그리고 뜻을 더욱 강조할 때 사용한다.

เด็ก ๆ 덱 덱	아이들	สูง ๆ 쑤–ㅇ쑤–ㅇ	매우 높다

⑤ ์ (การันต์ 까–란)

자음의 묵음을 표시할 때 사용한다.

อาจารย์ 아–짜–ㄴ	교수	ประพันธ์ 쁘라 판	저술하다

■ 기타부호 쓰는 법

็	마이따이쿠-	็						
ฯ	빠이야-ㄴ 너-이	ฯ						
ฯลฯ	빠이야-ㄴ 야이	ฯลฯ						
ๆ	마이야목	ๆ						
์	까-란	์						

연습문제

1 아래 음절을 소리나는 대로 우리말로 표기하고 성조를 우리말 위에 표기하시오.

① สะพานทะลาย

② ชาวนามีนา

③ เวลาคุณมาเขาจะกินแกง

④ เขามาทุกที

⑤ นายคิมชอบนายชาญ

⑥ โลกแคบมาก

⑦ ลูกของเขาเตาะแตะ

⑧ เสือกินวัว

⑨ สามีตีเมีย

⑩ ยุงกัดเรา

⑪ มีสากมาก

⑫ กะลาลอย

⑬ ทองแพงมาก

⑭ เขาบุกตึกสูง

⑮ นายลีชอบมะละกอ

⑯ ดิฉันไปโรงเรียน

⑰ นายชาญรำ

⑱ บิดาจาม

⑲ เสือมีหาง

⑳ ชาญมีคีมยาว

2 다음 음절들의 성조를 밝히고, 소리나는 대로 우리말로 표기하시오.

① ทะลาย	② สะพาน
③ สอน	④ ถอด
⑤ กะลา	⑥ ตาก
⑦ ตัด	⑧ ออก
⑨ แยะ	⑩ ชาญ
⑪ สาว	⑫ แคบ
⑬ การ	⑭ หาร
⑮ โศก	⑯ เกาะ
⑰ แนะนำ	⑱ รำคาญ
⑲ เบาะ	⑳ ไป
㉑ ใจ	㉒ กำจัด
㉓ ผัว	㉔ ฝึก
㉕ เลือด	㉖ ฝาแฝด
㉗ เมีย	㉘ นาฬิกา

3 아래 음절들을 소리나는 대로 쓰고 성조를 우리말 위에 표기하시오.

① จ้าง	เข้า	ไม่	ไข้	ต้นไม้
② แท่ง	ล่อน	ตุ๊กตา	เบ้า	เผ่า
③ เกี๊ยว	เก๋	ซื่อ	ฆ่า	ร้อน
④ ห้อง	เพี้ยน	ล้มล้าง	เต้าหู้	เนื้อ
⑤ แป๊ะเจี๊ยะ	ก๊อก	ย่าง	ให้	ถ้า

4 아래 단어의 발음을 우리말로 표기하고, 각 단어의 성조를 우리말 위에 표기하시오.

①	ครู	(　　　　　　)	ทราม	(　　　　　　)
	คลอง	(　　　　　　)	ปรัก	(　　　　　　)
②	ขลาด	(　　　　　　)	ควัน	(　　　　　　)
	อากร	(　　　　　　)	กสิกร	(　　　　　　)
③	ถัง	(　　　　　　)	จริง	(　　　　　　)
	ถาวร	(　　　　　　)	กรรมกร	(　　　　　　)
④	ทัศนาจร	(　　　　　　)	มรรค	(　　　　　　)
	เหลือง	(　　　　　　)	องุ่น	(　　　　　　)
⑤	ประมง	(　　　　　　)	สบู่	(　　　　　　)
	สงบ	(　　　　　　)	อย่าง	(　　　　　　)
⑥	กวาง	(　　　　　　)	บวม	(　　　　　　)
	ธรรม	(　　　　　　)	จรจัด	(　　　　　　)

ผม(ดิฉัน)เป็นคนเกาหลี

저는 한국사람입니다.

체언 술어문

체언 술어문은 주어 뒤에 계동사 **เป็น**이나 **คือ**를 쓴다. 즉 이 **เป็น**이나 **คือ**는 「~이다」라는 술어에 해당되며 주어에 대해 판단이나 설명의 구실을 한다. 태국어에서는 동사가 인칭이나 시(時), 성(性), 수(數)에 따른 어형이나 어미의 변화가 없는 특징을 지니고 있다.

핵심포인트

폼 (디 찬) 뻰 콘 까오리-
ผม(ดิฉัน)เป็นคนเกาหลี 저는 한국사람입니다.
① ③ ② / ① ② ③

카오 뻰 크라이 크랍 (카)
เขาเป็นใครครับ(คะ) 그는 누구입니까?
① ③ ② / ① ② ③

커ˇ- 토^-ㅅ 니^- 뻰 아ˋ라ˉ이 크ˊ랍

A ขอโทษ นี่เป็นอะไรครับ
① ② ③

실례지만, 이것은 무엇입니까?
① ② ③

난^ 뻰 딘 써ˇ- 카^

B นั่นเป็นดินสอค่ะ
① ③ ②

그것은 연필입니다.
① ② ③

카ˇ오 뻰 콘 쁘ˋ라테^-ㅅ 아ˋ라ˉ이 크ˊ랍

A เขาเป็นคนประเทศอะไรครับ
① ⑤ ④ ③ ②

그는 어느 나라 사람입니까?
① ② ③ ④ ⑤

카ˇ오 뻰 콘 타ˉ이 카^

B เขาเป็นคนไทยค่ะ
① ④ ③ ②

그는 태국 사람입니다.
① ② ③ ④

새로운 낱말

ผม [폼ˇ] 나, 저, 자신(남성이 사용) | **ดิฉัน** [디ˋ찬ˇ] 나, 저, 자신(여성이 사용) | **เป็น** [뻰] ~이다 | **คน** [콘] 사람, 인(人) | **เกาหลี** [까ˉ오리ˇ-] 한국 | **เขา** [카ˇ오] 그, 그이, 그 사람 | **ใคร** [크라ˉ이] 누구 | **ครับ** [크ˊ랍] 문장 끝에 붙이는 존칭을 나타내는 어조사(남성이 사용) 예, 네(응답할 때 사용) | **ค่ะ** [카ˊ] 문장 끝에 붙이는 존칭을 나타내는 어조사(여성이 사용)로 반문, 의문, 종용을 나타낼 때 사용 | **ขอโทษ** [커ˇ-토^-ㅅ] 실례하다, 죄송하다 |

쿤 뻰 낙 쓱 싸̌- 르̌- 크랍

A **คุณเป็นนักศึกษาหรือครับ**
① ③ ② ④

당신은 대학생입니까?
① ② ③ ④

차̂이 카̂ 디 찬̌ 뻰 낙 쓱 싸̌- 카̂

B **ใช่ค่ะ ดิฉันเป็นนักศึกษาค่ะ**
① ② ④ ③

그렇습니다. 저는 대학생입니다.
① ② ③ ④

นี่ [니̂-] 이, 이것, 이 사람 | **อะไร** [아라̄이] 무엇, 무슨, 어떤 [의문대명사] | **นั่น** [난̂] 그, 그것, 그 사람 | **ดินสอ** [딘써̌-] 연필 | **ค่ะ** [카̂] 네, 예(여성용의 응답어, 평서문의 문미에 붙이며 존칭을 나타낸다) | **ประเทศ** [쁘라테̂-ㅅ] 국가, 나라 | **ไทย** [타̄이] 태국 | **นักศึกษา** [낙쓱싸̌-] 대학생 | **ใช่** [차̂이] 네, 예, 그렇다, 맞다 | **คุณ** [쿤] 너, 당신, 씨[氏], 사람 이름 앞에 사용하여 존칭을 나타냄 | **หรือ** [르̌-] 의문조사

체언 술어문은 주어 뒤에 계동사 「เป็น [뻰]」이나 「คือ [크-]」를 쓴다. 즉 이 เป็น이나 คือ는 「~이다」라는 술어에 해당되며 주어에 대해 판단이나 설명의 구실을 한다. คือ는 주로 단순명사나 고유명사와 함께 술어를 이룬다.

01 긍정문 : 주어 + เป็น(คือ) + 체언(체언구) ~은(는) ~이다

เขา เป็น อาจารย์
카오 뻰 아-짜-ㄴ
그는 교수님이다.

โน่นเป็นบ้านของผม
노-ㄴ 뻰 바-ㄴ 커-ㅇ 폼
저것은 나의 집이다.

นี่ คือ เคียงบกกุง
니- 크- 키-양 복 꿍
이것은 경복궁이다.

> **อาจารย์** 교수
> **บ้าน** 집
> **ของ** ~의(소유격)

02 부정문 : 주어 + ไม่ใช่ + 체언(체언구) ~은(는) ~이 아니다

태국어의 부정문은 부정을 나타내는 부사 「ไม่ [마이]」를 동사 앞에 놓아 만든다. 그러나 체언 술어문의 경우 계동사 เป็น과 คือ를 생략하고 「ไม่ใช่ [마이차이]」의 부정사를 체언 앞에 놓아 만든다.

เขา ไม่ใช่ อาจารย์
카오 마이차이 아-짜-ㄴ
그는 교수님이 아니다.

เธอ ไม่ใช่ คนไทย
터- 마이차이 콘 타이
그녀는 태국인이 아니다.

> **เธอ** 그녀

03 의문문(1) : 주어 + เป็น · ไม่ใช่ + 체언(구) + หรือ

문장 끝에 의문조사 「หรือ [르-]」를 사용한다. 의문조사 หรือ는 시제에 관계없이 의문문을 만들 때나 어떤 상황, 상대방의 행위, 동작, 의사 등을 확인할 때 사용한다.

คุณ เป็น หมอ หรือ
쿤 뻰 머- 르-
당신은 의사입니까?

นี่ เป็น หมวกของคุณ หรือ
니- 뻰 무-억 커-ㅇ 쿤 르-
이것은 당신의 모자입니까?

เขา ไม่ใช่ คนเกาหลี หรือ
카오 마이차이 콘 까오리- 르-
그는 한국인이 아닙니까?

> **หมอ** 의사
> **หมวก** 모자
> 태국에서는 의문문에 의문부호 '?'는 붙이지 않는 것이 일반적이다.

잠깐만요!

ใช่ไหม(차̂이마̌이), ไม่ใช่หรือ(마̂이차̂이르̌-)

หรือ와 비슷한 성문조사로 **ใช่ไหม**와 **ไม่ใช่หรือ**가 있는데, 이것들 역시 어떤 상황이나 상대방의 행위, 동작, 의사 등을 확인할 때 사용한다. 우리말에 「~이지요?」와 「~가(이) 아닌가요?」로 각각 번역한다.

นี่ เป็น หนังสือ ใช่ไหม 이것은 책이지요?
니̂- 뻰 낭̌ 쓰̌- 차̂이 마̌이

คุณ เป็น คนไทย ไม่ใช่หรือ 당신은 태국인이 아닌가요?
쿤̄ 뻰̄ 콘̄ 타̄이 마̂이차̂이르̌-

이와 같은 유형의 답은 긍정일 경우 **ใช่**[예], 부정일 경우 **ไม่ใช่**[아니요]를 문두에 먼저 대답하면 된다.

a) **เธอ เป็น นางพยาบาล หรือ** 그녀는 간호원입니까?
터̄- 뻰̄ 나̄-ㅇ파́야̄-바̄-ㄴ 르̌-

b) **ใช่ เธอเป็นนางพยาบาล** 네, 그녀는 간호원입니다.
차̂이 터̄- 뻰̄ 나̄-ㅇ 파́야̄-바̄-ㄴ

a) **คุณ ไม่ใช่ นักเรียน หรือ** 당신은 학생이 아닙니까?
쿤̄ 마̂이차̂이 낙́리̄-얀 르̌-

b) **ใช่ ผมไม่ใช่นักเรียน** 네, 나는 학생이 아닙니다.
차̂이 폼̌ 마̂이차̂이 낙́리̄-얀

a) **นี่ เป็น หนังสือพิมพ์ ใช่ไหม** 이것은 신문이지요?
니̂- 뻰 낭̌ 쓰̌- 핌 차̂이 마̌이

b) **ไม่ใช่ นั่นเป็นสมุด** 아니요, 그것은 공책입니다.
마̂이차̂이 난̂ 뻰 싸̀뭇

a) **คุณ เป็น คนไทย ไม่ใช่หรือ** 당신은 태국인이 아닌가요?
쿤̄ 뻰̄ 콘̄ 타̄이 마̂이차̂이르̌-

b) **ใช่ ดิฉัน ไม่ใช่ คนไทย** 네, 나는 태국인이 아닙니다.
차̂이 디̀찬̌ 마̂이차̂이 콘̄ 타̄이

นางพยาบาล 간호사
นักเรียน (초 · 중 · 고) 학생
หนังสือพิมพ์ 신문
สมุด 공책

04 인칭대명사

인칭	태국어	뜻	사용
1인칭	ผม 폼	나, 저	남성이 사용(가장 일반적)
	กระผม 끄라폼	저(제)	윗사람에게 겸손하게 사용
	ดิฉัน 디찬	나, 저	여성이 사용(가장 일반적)
	ฉัน 찬	나	남녀 공용
	หนู 누-	저, 제	여성이 사용(자녀가 부모에게, 아동이 어른에게)
	เรา 라오	우리	단수 · 복수로 사용
2인칭	คุณ 쿤	당신, …씨[氏]	남녀 구별없이 사용(가장 일반적)
	เธอ 터-	자네	남녀 모두 동년배나 아랫사람에게 사용
	ท่าน 타-ㄴ	선생님, 그분, 댁	윗사람, 특히 계급, 연령이 높은 분에게 사용
3인칭	เขา 카오	그, 그사람	남녀 구별없이 사용
	เธอ 터-	그녀	여성 간, 남성이 여성을 가리켜 부름
	ท่าน 타-ㄴ	그분	남녀 구별없이 사용
	มัน 만	그것	아랫사람 특히 하인, 죄수 또는 다른 동물 등을 지칭

※복수형은 단수나 명사 앞에 「**พวก** 푸-억」을 붙여 만든다

พวกผม 저희들
푸-억 폼

พวกเรา 우리들
푸-억라오

พวกนักศึกษา 대학생들
푸-억 낙 쓱 싸-

พวกหนังสือ 책들
푸-억 낭 쓰-

05 지시대명사

이, 이것, 이 사람	그(저), 그것(저것), 그 사람(저 사람)	저, 저것, 저 사람(약간 먼 곳을 가리킬 때)
นี่ 니-	**นั่น** 난	**โน่น** 노-ㄴ
여기	**거기(저기)**	**저기(약간 먼 곳)**
นี่, ที่นี่ 니- 티-니-	**นั่น, ที่นั่น** 난 티- 난	**โน่น, ที่โน่น** 노-ㄴ 티-노-ㄴ

06 의문사

누가, 누구	언제	어디
ใคร 크라이	เมื่อไร 므-아 라이	ที่ไหน 티- 나이
어떻게	**무엇**	**왜**
อย่างไร 야-ㅇ라이	อะไร 아라이	ทำไม 탐마이
몇	**얼마**	**어느, 어떤**
กี่ 끼-	เท่าไร 타오라이	ใด, ไหน 다이 나이

07 의문문(2) : 의문사를 사용한 의문문

의문사를 문중의 각 위치에 사용하여 만든다.

นั่น เป็น อะไร 그것은 무엇입니까?
난 뻰 아라이

คุณ ชอบ ใคร 당신은 누구를 좋아합니까?
쿤 처-ㅂ 크라이

คุณ เรียน เมื่อไร 당신은 언제 공부합니까?
쿤 리-얀 므-아라이

คนไหน เป็น คนไทย 어떤 사람이 태국인입니까?
콘 나이 뻰 콘 타이

คุณ ไป ที่นั่น ทำไม 당신은 그 곳에 왜 갑니까?
쿤 빠이 티-난 탐마이

ชอบ 좋아하다
เรียน 배우다, 공부하다
ที่นั่น 그곳

밑줄 친 단어를 사용해 문장을 바꾸어 봅시다.

1

เขาเป็นใครครับ ➡ เขาเป็นตำรวจค่ะ
카오 뻰 크라이 크랍 / 카오 뻰 땀루-엇 카

① พนักงานบริษัท ② เพื่อนของดิฉัน ③ ครู ④ หมอ
파낙 응-안 버리 쌋 / 프-안 커-ㅇ 디 찬 / 크루- / 머-

2

นี่เป็นอะไรครับ ➡ นั่นเป็นโต๊ะหนังสือค่ะ
니- 뻰 아라이 크랍 / 난 뻰 또 낭 쓰- 카

① นาฬิกา ② เก้าอี้ ③ รองเท้า ④ เสื้อ
나-리까- / 까오이- / 러-ㅇ타오 / 쓰-아

3

โน่นคือคุณลีหรือคะ ➡ ไม่ใช่ค่ะ ไม่ใช่คุณลีค่ะ
노-ㄴ 크 쿤 리- 르- 카 / 마이차이 카 마이차이 쿤리- 카

① อาจารย์คิม ② คุณแม่ของ คุณสมชาย ③ คนจีน
아-짜-ㄴ 킴 / 쿤 매- 커-ㅇ 쿤 쏨 차-이 / 콘 찌-ㄴ

4

นั่นเป็นหนังสือของใครครับ ➡ นั่นเป็นของดิฉันค่ะ
난 뻰 낭 쓰- 커-ㅇ 크라이 크랍 / 난 뻰 커-ㅇ 디 찬 카

① หนังสือพิมพ์ ② ปากกา ③ กระเป๋า
낭 쓰- 핌 / 빠-ㄱ 까- / 끄라 빠오

해석 및 어구정리

1 그는 누구입니까? → 그는 경찰입니다.
พนักงาน 사원 | **บริษัท** 회사 | **เพื่อน** 친구 | **ของ** ~의(소유격) | **ครู** 선생님(초·중·고) | **หมอ** 의사

2 이것은 무엇입니까? → 그것은 책상입니다.
โต๊ะ 테이블, 상 | **หนังสือ** 책 | **นาฬิกา** 시계 | **เก้าอี้** 의자 | **รองเท้า** 신발, 구두 | **เสื้อ** 옷

3 저 사람은 이 씨입니까? → 아니요, 이 씨가 아닙니다.
อาจารย์ 교수님 | **แม่** 어머니 | **จีน** 중국

4 그것은 누구의 책입니까? → 그것은 내 것입니다.
หนังสือพิมพ์ 신문 | **ปากกา** 볼펜 | **กระเป๋า** 가방

잠깐만요!

ของ(커ˇ-ㅇ)의 용법

1 소유격

태국어의 소유격은 「ของ」으로 표현한다. 이 때 「ของ」은 「~의」 뜻이며 해석되지 않는 경우도 있거나 생략할 수도 있다.

นี่เป็นนาฬิกาของดิฉัน 이것은 나의 시계입니다.
니^-뻰 나-리까-커ˇ-ㅇ 디 찬ˇ

นั่นไม่ใช่เสื้อของคุณ 그것은 당신의 옷이 아닙니다.
난^ 마^이차^이 쓰^-아 커ˇ-ㅇ쿤

2 ~(의)것

นั่นเป็นของเพื่อนผม 그것은 제 친구(의) 것입니다.
난^ 뻰 커ˇ-ㅇ 프^-안 폼ˇ

นี่เป็นของใคร 이것은 누구의 것입니까?
니^-뻰 커ˇ-ㅇ 크라이

아룬사원

실용 회화

การทักทาย (인사)

까-ㄴ 탁 타-이

A **สวัสดีครับ คุณวิไล**
싸왓 디- 크랍 쿤 위 라이

สบายดีหรือครับ
싸 바-이 디- 르- 크랍

B **ค่ะ สบายดี**
카 싸 바-이 디-

ขอบคุณค่ะ แล้วคุณล่ะ
커-ㅂ 쿤 카 래-우 쿤 라

A **ผมก็สบายดี**
폼 꺼- 싸 바-이 디-

B **คุณพ่อคุณแม่ของคุณสบายดีหรือคะ**
쿤 퍼- 쿤 매- 커-ㅇ 쿤 싸 바-이 디- 르- 카

A **ครับ ท่านก็สบายดี**
크랍 타-ㄴ 꺼- 싸바-이디-

어구정리

สวัสดี [싸왓디-] 만날 때나 헤어질 때의 인사말 | **สบาย** [싸바-이] 편안하다, 건강하다, 쉽다 | **ดี** [디-] 좋다, 착하다 | **สบายดี** [싸바-이디-] 평안하다 | **แล้ว** [래-우] 완료를 나타내는 조동사, 그리고, 그러고 나서, 그렇다면 | **คุณพ่อคุณแม่** [쿤퍼-쿤매-] 부모님 (**พ่อ** 아버지, **แม่** 어머니) | **ขอบคุณ** [커-ㅂ쿤] 고맙다, 감사하다 | **ล่ะ** [라] 의문, 명령, 간원문 끝에 사용하는 어조사 | **ก็** [꺼-] ~도, 또한, 역시

A 안녕하십니까? 위라이 씨!

평안하십니까?

B 네, 평안합니다.

감사합니다. 당신은요?

A 저도 평안합니다.

B 당신 부모님께서는 평안하십니까?

A 네, 그분들도 평안하십니다.

포인트

01 สวัสดี [싸왓디-]

태국어의 일상적인 인사말로 때와 시간에 구애없이 사용할 수 있으며, 헤어질 때도 똑같이 사용한다.

02 สบายดีหรือ [싸바-이디-르-]

우리말의 「평안하십니까?」, 「잘 지내십니까?」, 「별고 없으세요?」 등에 해당되는 인사로 상대방의 안부를 묻는 데 쓰인다.
이 외 태국어의 인사말로 다음과 같은 것이 있다.

เป็นอย่างไรครับ 어떠세요?
뻰 야-ㅇ 라이 크랍

โชคดีครับ 행운을 빕니다.(Good Luck!)
초-ㄱ 디-크랍

พบกันใหม่ค่ะ 또 만납시다.
폽 깐 마이 카

ผม(ดิฉัน)ลาก่อนครับ(ค่ะ) 저 먼저 가겠습니다.
폼 (디찬) 라- 꺼-ㄴ 크랍 (카)

โชค 운, 운세, 운수
พบ 만나다
กัน 함께
ใหม่ 새롭다
ลา 떠나다, 작별하다
ก่อน 먼저, 우선

잠깐만요! 태국의 인사법은 상대방이 연장자일 경우 먼저 두 손을 합장하고 코밑까지 올려 머리를 굽히며 인사한다. 연하의 사람에게 인사를 받았을 경우에도 같은 방법으로 답하여 예의를 차려야 한다. 선물을 주고받을 때에도 마찬가지 방법으로 한다.

03 คุณวิไล [쿤위라이]

「คุณ」은 우리말의 「…씨(氏)」, 「…님」, 「วิไล」는 태국 여성 이름이다. 태국 사람의 이름은 앞에, 그리고 성은 뒤에 쓰며 남성이든 여성이든 관계없이 상대방을 부르거나 지칭할 때는 「คุณ」을 이름 앞에 붙여 쓴다.

คุณสมชายครับ 쏨차이 씨!
쿤 쏨 차-이 크랍

คุณพรทิพย์ 펀팁 씨!
쿤 퍼-ㄴ 팁

04 ขอบคุณ [커ˋㅂ쿤]

고맙다라든가 미안하다는 표현에 인색한 우리와는 달리 태국인들은 다른 사람에게 어떤 호의나 협조를 받았을 때 혹은 아주 사소한 일에도 반드시 감사의 표현을 한다.

ขอบใจมาก 커ˋㅂ짜ˉ이마ˆㄱ — 고마워

ขอบคุณครับ 커ˋㅂ 쿤 크랍ˊ — 고맙습니다.

ขอบพระคุณค่ะ 커ˋㅂ 프라ˊ 쿤 카ˆ — 대단히 감사합니다.

มาก 매우, 많이

05 แล้ว [래ˊ우]의 용법

「แล้ว」는 완료를 나타내는 조동사 혹은 「그리고, 그러고 나서, 그러면, 그리고 또한」의 접속사로 사용한다.

เขาไปแล้ว 카ˇ오 빠ˉ이 래ˊ우 — 그는 가버렸다

แล้วคุณไปที่ไหน 래ˊ우 쿤 빠ˉ이 티ˆ- 나ˇ이 — 그러고 나서 당신은 어디로 갑니까?

ไป 가다
ที่ไหน 어디, 어느곳

06 주어 + ก็(꺼ˆ-) + 동사

「ก็」는 「…도, 또한, 역시」 등의 의미로 주어 뒤, 동사 · 형용사 · 다른 부사 앞에 쓴다.

คุณพ่อก็ไป 쿤 퍼ˆ-꺼ˆ-빠ˉ이 — 아버지도 가십니다.

ดิฉันก็กิน 디ˋ찬ˇ 꺼ˆ- 낀ˉ — 저도 먹습니다.

연습문제

1 다음 문장을 태국어로 바꾸시오.

① 이것은 책입니다. ______________________

② 저것은 제 친구의 연필입니다. ______________________

③ 그것은 태국어 책이 아닙니다. ______________________

2 다음 문장을 읽고 해석하시오.

① นั่นเป็นของคุณหรือครับ ______________________

② เขาเป็นคนประเทศไหนคะ ______________________

③ คุณสบายดีหรือ ______________________

3 보기와 같이 아래 문장을 바꾸시오.

보기	หนังสือ	→ นี่เป็นอะไร → นี่เป็นหนังสือ → นี่เป็นหนังสือของใคร → นี่เป็นหนังสือของผม → นี่ไม่ใช่หนังสือของผม

① กระเป๋า	② สมุด	③ เสื้อ
→	→	→
→	→	→
→	→	→
→	→	→
→	→	→

4 **다음 빈 칸에 알맞는 인칭대명사를 넣으시오.**

① ____________________ **เป็นคนไทย** 나는 태국사람입니다.

② ____________________ **ดูหนัง** 그는 영화를 봅니다.

③ ____________________ **สวยมาก** 당신은 매우 아름답습니다.

④ ____________________ **กินข้าว** 우리는 밥을 먹습니다.

⑤ ____________________ **ทำงาน** 그녀는 일을 합니다.

5 **다음 빈 칸에 알맞는 지시대명사를 넣으시오.**

① ____________________ **เป็นประตู** 이것은 문입니다.

② ____________________ **สวยมาก** 그것은 매우 예쁩니다.

③ ____________________ **เป็นคุณแม่ของผม** 저 분은 내 어머님입니다.

④ ____________________ **เป็นเพื่อนผม** 이 사람은 내 친구입니다.

⑤ ____________________ **เป็นบ้าน** 저것은 집입니다.

6 **다음 물음에 알맞는 의문사를 넣고 해석하시오.**

① ____________________ **เป็นคุณแม่ของคุณ**

② **คุณไปทำงาน** ____________________

③ **คน** ____________________ **เป็นอาจารย์สมชาย**

④ **โน่น** ____________________

⑤ **คุณจะไปประเทศไทย** ____________________

알아둡시다

การทักทาย (인사)

까-ㄴ 탁 타-이

สวัสดีครับ(คะ) 안녕하십니까?
싸왓 디- 크랍 (카)

สบายดีหรือครับ(คะ) 평안하십니까?
싸 바-이 디- 르- 크랍 (카)

สวัสดีครับ(ค่ะ) 안녕히 가세요, 안녕히 계세요
싸왓 디- 크랍 (카)

พบกันใหม่ครับ(ค่ะ) 또 만납시다.
폽 깐 마이 크랍 (카)

โชคดีครับ(ค่ะ) 행운을 빕니다.
초-ㄱ 디-크랍 (카)

ราตรีสวัสดิ์ครับ(ค่ะ) 안녕히 주무세요
라- 뜨리- 싸왓 크랍 (카)

ลาก่อนครับ(ค่ะ) 먼저 가겠습니다.
라- 꺼-ㄴ 크랍 (카)

ผม(ดิฉัน)ไป

저는 갑니다.

체언 술어문

동사가 술어 구실을 하는 문장으로 술어가 동작, 변화 또는 행위를 나타내는 동사로 되어 있는 문형이다.

핵심포인트

폼 디찬 빠이 **ผม(ดิฉัน)ไป** ① ②	저는 갑니다. ① ②
쿤 빠이 르– **คุณ ไป หรือ** ① ② ③	당신은 갑니까? ① ② ③

쿤 퍼– 빠이 르– 크랍

A คุณพ่อ ไป หรือครับ — 아버지는 가십니까?

① ② ③ — ① ② ③

쿤 퍼– 빠이 카

B คุณพ่อ ไปค่ะ — 아버지는 가십니다.

① ② — ① ②

쿤 매– 마이 빠이 르– 크랍

A คุณแม่ ไม่ ไป หรือครับ — 어머니는 안 가십니까?

① ② ③ ④ — ① ② ③ ④

새로운 낱말

ไป [빠이] 가다 | **หรือ** [르–] 의문조사 | **พ่อ** [퍼–] 아버지 | **แม่** [매–] 어머니 | **ไม่** [마이] 부정사 | **ล่ะ** [라] 의문 명령, 간원을 나타낼 때 문장 끝에 사용하는 어조사 | **ก็** [꺼–] ~도, ~조차, 역시

쿤 매- 마이 빠이 쿤 라

B คุณแม่ ไม่ ไป คุณล่ะ

① ② ③ ④ ⑤

어머니는 안 가십니다. 당신은요?

① ② ③ ④ ⑤

폼 꺼- 마이 빠이

A ผม ก็ ไม่ ไป

① ② ③ ④

저 역시 안 갑니다.

① ② ③ ④

동사 술어문은 동사가 술어 구실을 하는 문장으로 술어가 동작, 변화 또는 행위를 나타내는 동사로 되어 있는 문형이다. 태국어의 동사 술어문에는 네 종류가 있다.

01 긍정문 : 주어 + 술어(동사) ~은(는)~하다

อาจารย์ หัวเราะ 아-짜-ㄴ 후-어러	교수님이 웃으신다.
คุณแม่ เดินไป 쿤 매- 더-ㄴ빠이	어머님이 걸어가신다.

หัวเราะ 웃다
เดิน 걷다
เดินไป 걸어가다

02 부정문 : 주어 + ไม่ + 술어(동사) ~은(는) ~(지)않다

일반적으로 과거의 어떤 상황을 부정하는 경우를 제외하고 동사 앞에 부정사 「**ไม่** [마이]」를 둔다.

เรา ไม่ ไป 라오 마이 빠이	우리는 가지 않는다.
เขา ไม่ ดู 카오 마이두-	그는 보지 않는다.

ดู 보다

03 의문문(1) : 주어 + (ไม่) + 동사 + หรือ ~은(는) 하지 않습니까?

문장 끝에 의문조사 「**หรือ** [르-]」를 사용한다. 의문조사 **หรือ**는 시제에 관계없이 의문문을 만들 때나 어떤 상황, 상대방의 행위, 동작, 의사 등을 확인할 때 사용한다.

คุณพ่อ ทาน หรือ 쿤 퍼- 타-ㄴ 르-	아버지는 잡수십니까?
เขา ไม่ ไป หรือ 카오 마이 빠이 르-	그는 가지 않습니까?

ทาน 드시다, 잡수시다

04 의문문(2) : 주어 + 동사 + **หรือไม่** + (동사) ~은(는) 합니까? 하지 않습니까?

단도직입적으로 긍정과 부정의 답을 요구하는 의문문의 형태이며, 대답은 긍정일 경우 「동사」, 부정일 경우 「**ไม่** +동사」로 하면 된다.

คุณ ไป หรือ ไม่(ไป) 쿤 빠이 르– 마이(빠이)	당신은 갑니까, 가지 않습니까?
เขา กิน หรือ ไม่(กิน) 카오 낀 르– 마이 (낀)	그는 먹습니까, 먹지 않습니까?
ไป 빠이	갑니다
ไม่กิน 마이 낀	먹지 않습니다.

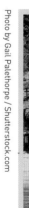

모켄족 섬마을

การแนะนำตัว (자기 소개)

까–ㄴ 내 남 뚜–어

A **สวัสดีครับ**

싸왓 디– 크랍

ผมชื่อ คิม ยอง โฮ ครับ

폼 츠– 킴 여–ㅇ 호– 크랍

ขอโทษ คุณชื่ออะไรครับ

커– 토–ㅅ 쿤 츠– 아 라이 크랍

B **ดิฉันชื่อ พรทิพย์**

디 찬 츠– 퍼–ㄴ 팁

นามสกุล ทองสว่าง

나–ㅁ 싸 꾼 터–ㅇ 싸와–ㅇ

นี่เป็นนามบัตรของดิฉันค่ะ

니– 뻰 나–ㅁ 밧 커–ㅇ 디 찬 카

A **ยินดีที่ได้รู้จักคุณครับ**

yin 디– 티– 다이 루–짝 쿤 크랍

B **ดิฉันก็เช่นเดียวกันค่ะ**

디 찬 꺼– 체–ㄴ 디–야우 깐 카

어구정리

แนะนำ [내남] 소개하다 | **ตัว** [뚜–어] 자기, 자신 | **ชื่อ** [츠–] 이름 | **นามสกุล** [나–ㅁ싸꾼] 성 | **นามบัตร** [나–ㅁ밧] 명함 | **ยินดี** [yin디–] 기쁘다 | **ที่** [티–] ~해서, ~하는(관계대명사) | **ได้** [다이] 과거 조동사 | **รู้จัก** [루–짝] 알다 | **เช่นเดียวกัน** [체–ㄴ디–야우깐] 마찬가지이다

A　안녕하세요?

저의 이름은 김영호입니다.

실례지만 당신의 이름은 무엇입니까?

B　저의 이름은 펀텁이고

성은 텅싸왕입니다.

이것이 저의 명함입니다.

A　당신을 알게 되어 기쁩니다.

B　저도 역시 마찬가지입니다.

잠깐만요!

자기 소개를 할 때는 이름의 의미를 가진 「**ชื่อ**」를 본인의 이름 앞에 붙여 남성의 경우 「**ผมชื่อ...**」[폼̌츠̂-], 여성의 경우 「**ดิฉันชื่อ...**」[디̀찬̌츠̂-]를 붙여 말한다. 태국 사람의 이름은 앞에, 성은 뒤에 쓰며 여성이 결혼을 하면 남편의 성을 따른다.

밑줄 친 단어를 사용해 문장을 바꾸어 봅시다.

1

คุณไปหรือ → ผมไป
큰 빠̄이 르ˇ- → 폼ˇ 빠̄이

→ ดิฉันไม่ไป
디̀ 찬ˇ 마̂이빠̄이

① เดินไป 더̄-ㄴ빠̄이　② กิน 낀̄　③ ยิ้ม yim

2

เขากินหรือไม่ → เขากิน
카ˇ오 낀̄ 르ˇ- 마̂이 → 카ˇ오 낀̄

→ เขาไม่กิน
카ˇ오 마̂이 낀̄

① ดู 두̄-　② วิ่ง 윙̂　③ โกรธ 끄로̀-ㅅ

3

เขาไม่ไปหรือ → ไป
카ˇ오 마̂이 빠̄이 르ˇ- → 빠̄이

→ ไม่ไป
마̂이 빠̄이

① ชอบ 처̂-ㅂ　② ดีใจ 디̄-짜̄이　③ พอใจ 퍼̄-짜̄이

해석 및 어구정리

1 당신은 갑니까? → 나는 갑니다 → 나는 안 갑니다
ยิ้ม 미소짓다

2 그는 먹습니까? 안 먹습니까? → 그는 먹습니다 → 그는 먹지 않습니다
วิ่ง 뛰다 | **โกรธ** 화를 내다

3 그는 안 갑니까? → 갑니다 → 안 갑니다
ชอบ 좋아하다 | **ดีใจ** 기뻐하다 | **พอใจ** 만족하다

01 관계대명사 용법

태국어의 관계대명사는 **ซึ่ง** [씅], **อัน** [안], **ที่** [티-] 등이 있으며, 형용사 앞에도 올 수 있는 것이 특징이다.

ผู้ชายที่ถือกระเป๋าเป็นน้องดิฉัน 가방을 든 남자는 내 동생이다.
푸-차-이 티- 트- 끄라 빠오 뻰 너-ㅇ 디찬

นี่เป็นนาฬิกาซึ่งแพงมาก 이것은 아주 비싼 시계이다.
니- 뻰 나-리 까-씅 패-ㅇ 마-ㄱ

น้อง 동생
แพง 비싸다

02 조동사 ได้ [다이] 용법

ได้는 조동사로 과거나 가능 · 능력을 나타낼 때 사용한다.

과거 : (ไม่)ได้ + V ~(하지 않았다)했다

เขาได้ทำการบ้าน 그는 숙제를 했다.
카오 다이탐 까-ㄴ 바-ㄴ

คุณพ่อไม่ได้ไป 아버님은 가지 않으셨다.
쿤 퍼- 마이다이빠이

가능 · 능력 : V + (ไม่) + ได้ ~할 수 있다(없다)

ผมไปประเทศไทยได้ 나는 태국에 갈 수 있다.
폼 빠이 쁘라 테-ㅅ 타이 다이

ดิฉันพูดภาษาเกาหลีไม่ได้ 나는 한국어를 말할 수 없다.
디찬 푸-ㅅ 파-싸- 까오리- 마이 다이

พูด 말하다
ภาษา 언어
รางวัล 상

ได้가 본동사로 쓰일 경우도 있는데 이때는 「얻다, 획득하다」의 의미이다.

เขาได้หนังสือ 그는 책을 얻었다.
카오 다이 낭 쓰-

ผมได้เงินมาก 나는 돈을 많이 땄다.
폼 다이응어-ㄴ마-ㄱ

คุณพ่อได้รางวัล 아버지는 상을 타셨다.
쿤 퍼- 다이라-ㅇ 완

연습문제

1 다음 문장을 읽고 해석하시오.

① คุณแม่หัวเราะ ______________________

② เขาไม่ไป ______________________

③ ดิฉันโกรธมาก ______________________

④ คุณไม่กินหรือ ______________________

⑤ ผมก็ไป ______________________

2 보기와 같이 아래 문장을 바꾸시오.

보기	เขาไป	→ เขาไม่ไป
		→ เขาไปหรือ
		→ เขาไม่ไปหรือ
		→ เขาไปหรือไม่

① พี่ชาย

→

→

→

→

→

② อาจารย์

→

→

→

→

→

3 아래 단문들을 관계대명사를 사용하여 복문으로 바꾸고 해석하시오.

① เขาชอบพนัน　　　그는 도박을 좋아한다.
เขาจะต้องพินาศ　　　그는 반드시 파멸하게 될 것이다.

---

② คุณสมชายเป็นเพื่อนผม　　　쏨차이 씨는 나의 친구이다.
คุณสมชายกำลังอ่านหนังสือ　　　쏨차이 씨는 책을 읽고 있다.

---

③ อาจารย์หญิงสอนภาษาไทย　　　잉 교수님은 태국어를 가르치신다.
อาจารย์หญิงมาจากประเทศไทย　　　잉 교수님은 태국에서 왔다.

---

④ หนังสือวางอยู่บนโต๊ะ　　　책이 상 위에 놓여있다.
หนังสือหายไปไหน　　　책이 어디로 사라졌습니까?

알아둡시다

ประเทศ (국가)

쁘라 테-ㅅ

한국 **ประเทศเกาหลี**
쁘라테-ㅅ 까오리-

일본 **ประเทศญี่ปุ่น**
쁘라테-ㅅ 이-뿐

중국 **ประเทศจีน**
쁘라테-ㅅ 찌-ㄴ

영국 **ประเทศอังกฤษ**
쁘라 테-ㅅ 앙 끄릿

독일 **ประเทศเยอรมัน**
쁘라 테-ㅅ 여-라 만

미국 **ประเทศสหรัฐอเมริกา**
쁘라 테-ㅅ싸하랏아메-리까-

프랑스 **ประเทศฝรั่งเศส**
쁘라 테-ㅅ 화랑쎄-ㅅ

러시아 **ประเทศรัสเซีย**
쁘라 테-ㅅ랏씨-야

스페인 **ประเทศสเปน**
쁘라 테-ㅅ싸 뻬-ㄴ

Part 03

ดิฉันกินข้าว

나는 밥을 먹습니다.

동사 술어문2

동사 술어문의 두 번째 문형으로 하나의 목적어를 수반하는 문행이다.

핵심포인트

디찬 낀 카-우
ดิฉัน กิน ข้าว
① ③ ②

나는 밥을 먹습니다.
① ② ③

라오 리-얀 파-싸- 타이
เรา เรียน ภาษาไทย
① ③ ②

우리는 태국어를 배운다.
① ② ③

기본 회화

쿤 낀 카^-우 르ˇ-

A **คุณ กิน ข้าว หรือ** 당신은 밥을 먹습니까?

① ③ ② ④ / ① ② ③ ④

폼ˇ 낀 카^-우

B **ผม กิน ข้าว** 나는 밥을 먹습니다.

① ③ ② / ① ② ③

카ˇ오 마^이 탐 응아-ㄴ 르ˇ-

A **เขา ไม่ ทำงาน หรือ** 그는 일을 하지 않습니까?

① ④ ③ ② ⑤ / ① ② ③ ④ ⑤

카ˇ오 마^이 탐 응아-ㄴ

B **เขา ไม่ ทำงาน** 그는 일을 하지 않습니다.

① ④ ③ ② / ① ② ③ ④

쿤 라^

คุณล่ะ 당신은요?

① ② / ① ②

새로운 낱말

เรา [라오] 우리(1인칭 대명사) | **เรียน** [리-얀] 배우다 | **ภาษา** [파-싸ˇ-] 언어, 어 | **ไทย** [타이] 태국 | **ทำ** [탐] 하다, 만들다 | **งาน** [응아-ㄴ] 일, 업무, 사업 | **อ่าน** [아`-ㄴ] 읽다 | **หนังสือพิมพ์** [낭ˇ쓰ˇ-핌] 신문

디찬 꺼- 마이 탐 응아-ㄴ

A **ดิฉัน ก็ ไม่ ทำงาน**
① ② ⑤ ④ ③

저 역시 일을 하지 않습니다.
① ② ③ ④ ⑤

쿤 빠이 허-ㅇ 싸뭇 마이 크랍

A **คุณ ไป ห้องสมุด ไหมครับ**
① ③ ② ④

당신은 도서관에 가시겠습니까?
① ② ③ ④

빠이 카

B **ไปค่ะ**
①

갑니다.
①

제2과에 이어 두 번째 동사 술어문으로 동사가 하나의 목적어를 수반하는 문형이다. 「주어+동사+목적어」의 형태로 다음과 같은 유형들이 있다.

01 주어 + 동사 + 목적어 ~은(는) ~을(를) ~하다

เขา ดู โทรทัศน์ 그는 TV를 본다.
카ˇ오 두- 토-라탓

คุณแม่ ทำ กับข้าว 어머니는 반찬을 만드신다.
쿤 매^- 탐 깝 카^-우

> **โทรทัศน์** TV
> **กับข้าว** 반찬

02 주어 + 동사 + 목적어 ~은(는) ~에(서) ~으로 ~하다

เขา ไป ห้องสมุด 그는 도서관에 간다.
카ˇ오 빠이 허^-ㅇ 싸뭇

ผม กลับ บ้าน 나는 집으로 돌아간다.
폼ˇ 끄랍 바^-ㄴ

> **ห้องสมุด** 도서관
> **กลับ** 돌아가다

03 의문사 : ไหม (마ˇ이)

태국어에서 의문문은 두 가지로 나눌 수 있다. 첫째 의문사(의문대명사, 의문형용사, 의문부사)를 문중의 각 위치에 사용하여 만드는 경우, 둘째 의문조사를 문미에 덧붙여 만드는 경우이다.

즉 의문문을 만들 때 한 의문문에는 의문사든 의문조사든 한 가지만을 사용해야 한다. 첫째의 경우는 이미 1과에서 공부했고, 둘째의 경우 **หรือ**, **ใช่ไหม**, **ไม่ใช่หรือ** 등의 의문사 역시 1과에서 공부한 바 있다. 여기에서는 또 하나의 의문조사 **ไหม**를 공부하기로 하자.

태국어에서 의문사를 사용하지 않고 의문문을 만들기 위해서는 의문조사를 문미에 사용한다. 이 경우 역시 문형은 변화되지 않는다. 태국어의 의문조사는 **ไหม** [마ˇ이], **หรือ** [르ˇ-], **ใช่ไหม** [차^이마ˇ이], **ไม่ใช่หรือ** [마^이차^이르ˇ-] 등이 있다.

- **ไหม** → 주로 상대방의 의사를 타진할 때 사용. 현재 및 미래의문문을 나타낼 때 사용(과거의문문에는 절대 사용할 수 없음)

• **หรือ, ใช่ไหม, ไม่ใช่หรือ** → 상대방의 행위, 동작, 의사 그리고 어떤 상황을 확인할 때 사용, 시제에 관계 없이 사용

กินข้าวไหม 밥을 먹겠습니까?
낀카-우 마이 (상대방의 의사를 타진)

กินข้าวหรือ 밥을 먹습니까?
낀 카-우 르- (상대방의 의사를 확인)

กินข้าวใช่ไหม 밥을 먹을 거지요?
낀카-우 차이 마이 (상대방의 의사를 확인)

เรียนภาษาไทยไหม 태국어를 배우겠습니까?
리-얀 파-싸- 타이 마이 (상대방의 의사를 타진)

เรียนภาษาไทยหรือ 태국어를 배웁니까?
리-얀 파-싸-타이 르- (상대방의 의사를 확인)

เรียนภาษาไทยใช่ไหม 태국어를 배우죠?
리-얀 파-싸-타이 차이 마이 (상대방의 의사를 확인)

เป็นคนเกาหลีไม่ใช่หรือ 한국인이 아닌가요?
뻰 콘 까오 리- 마이 차이 르- (상대방의 의사를 확인)

• **ไหม** → 위와 같이 의문 조사를 사용한 의문문에 대한 대답의 경우 일반적으로 상대방의 의사를 타진하는 의문문에 대답할 때는, 긍정일 경우 [동사], 부정일 경우 부정사를 사용하여 [**ไม่** [마이]+동사]로 답하면 된다. 한편, 상대방의 의사를 확인하는 의문문에 대답할 때는 긍정일 경우 **ใช่** [차이] 「네」, 부정일 경우 **ไม่ใช่** [마이차이] 「아니요」를 문두에 먼저 대답하면 된다.

กินข้าวไหม 밥 먹겠습니까?
낀 카-우 마이

กิน / ไม่กิน 먹겠습니다 / 안 먹겠습니다
낀 / 마이 낀

กินข้าวใช่ไหม 밥을 먹을 거지요?
낀 카-우차이마이

ใช่ / ไม่ใช่ 네 / 아니요
차이 / 마이차이

ที่อยู่ (거주지)

티ˆ- 유ˇ-

A **คุณพักอยู่ที่โรงแรมไหน**
쿤 팍 유- 티- 로-ㅇ 래-ㅁ 나이

B **โรงแรมสยามค่ะ**
로-ㅇ 래-ㅁ 싸 야-ㅁ 카

A **ห้องอะไรและจะพักกี่วันครับ**
허-ㅇ 아 라이 래 짜 팍 끼- 완 크랍

B **ห้อง 302 จะพักสามวันค่ะ**
허-ㅇ싸-ㅁ쑤-ㄴ써-ㅇ 짜 팍 싸-ㅁ 완 카

A **โรงแรมสยามอยู่ที่ไหนครับ**
로-ㅇ 래-ㅁ 싸 야-ㅁ 유- 티- 나이 크랍

B **อยู่ใกล้ ๆ สนามหลวงค่ะ**
유- 끄라이 끄라이 싸 나-ㅁ 루-엉 카

A **บ้านคุณอยู่ที่ไหนครับ**
바-ㄴ 쿤 유- 티- 나이 크랍

B **บ้านดิฉันอยู่ที่กรุงโซลค่ะ คุณล่ะ**
바-ㄴ 디 찬 유- 티- 끄룽 쏘-ㄴ 카 쿤 라

A **บ้านผมอยู่ที่จังหวัดเชียงใหม่ครับ**
바-ㄴ 폼 유- 티- 짱 왓 치-양 마이 크랍

วันหลังผมจะพาไปเที่ยว
완 랑 폼 짜 파- 빠이 티-야우

B **ขอบคุณค่ะ**
커-ㅂ 쿤 카

A 당신은 어느 호텔에 머무르고 계십니까?

B 싸얌호텔입니다.

A 몇 호실이며 며칠간 묵으실겁니까?

B 302호실이며, 3일간 묵을 예정입니다.

A 싸얌호텔은 어디에 있습니까?

B 싸남루엉에서 아주 가까운 곳에 있습니다.

A 당신 집은 어디에 있습니까?

B 나의 집은 서울에 있습니다. 당신은요?

A 나의 집은 치앙마이도에 있습니다.

다음 번에 제가 모시고 놀러갈게요.

B 감사합니다.

어구정리

อยู่ [유-] 살다, 거주하다, 있다, 존재하다 | **ที่อยู่** [티-유-] 사는 곳, 주소, 거주지 | **พัก** [팍] 쉬다, 휴식하다 | **โรงแรม** [로-ㅇ래-ㅁ] 호텔 | **ห้อง** [허-ㅇ] 방, 실(室) | **จะ** [짜] 미래조동사, ~할 것이다 | **ใกล้** [끄라이] 가깝다 | **จังหวัด** [짱왓] 도(道)(태국의 가장 큰 행정구역단위) | **หลัง** [랑] 뒤, 후, ~이후 | **พา** [파-] 이끌다, 데리고 …하다, 안내하다 | **เที่ยว** [티-야우] 놀다

문형 연습

밑줄 친 단어를 사용해 문장을 바꾸어 봅시다.

1 เขาอ่านหนังสือหรือ
카오 아-ㄴ 낭 쓰- 르-

① ทานข้าว
타-ㄴ 카-우

② ดูหนัง
두- 낭

③ ไปบ้านผม
빠이 바-ㄴ 폼

2 คุณทำงานไหม
쿤 탐 응아-ㄴ 마이

① ซื้อของ
쓰- 커-ㅇ

② ไปประเทศไทย
빠이 쁘라테-ㅅ 타이

③ มาที่นี่
마-티-니-

3 คุณไปไหม
쿤 빠이 마이

→ ไป
빠이

→ ไม่ไป
마이빠이

คุณกินข้าวใช่ไหม
쿤 낀 카-우 차이 마이

→ ใช่ ผมกินข้าว
차이 폼 낀 카-우

→ ไม่ใช่ ผมไม่กินข้าว
마이 차이 폼 마이 낀 카-우

① ดื่มเหล้า
드-ㅁ 라오

② ร้องเพลง
러-ㅇ 프레-ㅇ

③ เต้นรำ
떼-ㄴ 람

해석 및 어구정리

1 그는 책을 읽습니까?

ทาน 잡수시다 | **ข้าว** 밥 | **ดู** 보다 | **หนัง** 영화 | **บ้าน** 집

2 당신 일하겠습니까?

ซื้อ 사다 | **ของ** 물건 | **ประเทศ** 국가 | **ไทย** 태국 | **ที่นี่** 이곳

3 당신 가겠습니까? 당신 밥 먹습니까?

→ 갑니다 → 네, 나는 밥을 먹어요

→ 안가요 → 아니요, 나는 밥을 먹지 않아요

ดื่ม 마시다 | **เหล้า** 술 | **ร้องเพลง** 노래부르다 | **เต้น, รำ** 춤추다

01 진행형

태국어의 진행형은 다음의 세 가지 형태가 있다.

① **กำลัง**+ 동사

② **กำลัง**+ 동사 + **อยู่**

③ 동사 + **อยู่**

진행조동사 **กำลัง** [깜랑]을 동사 앞에 위치하거나, **อยู่** [유-]를 동사 뒤에 위치하면 진행형 문장이 된다.

ดิฉันกำลังล้างจาน 나는 접시를 닦고 있습니다.
디찬 깜 랑 라-ㅇ 짜-ㄴ

คุณแม่ซักผ้าอยู่ 어머니는 빨래를 하고 계신다.
쿤 매- 싹 파- 유-

ซัก 빨다
ผ้า 천
ซักผ้า 빨래하다
ล้าง 씻다, 닦다
จาน 접시

02 จะ [짜]

จะ는 미래를 나타내는 조동사로 동사 앞에 위치하며, 부정을 나타낼 경우에는 부정사 **ไม่**를 **จะ** 다음에 놓아 만든다.

เขาจะไปประเทศไทย 그는 태국에 갈 것이다.
카오 짜 빠이 쁘라테-ㅅ 타이

ดิฉันจะไม่ดื่มเหล้าอีก 나는 더 이상 술을 마시지 않을 것이다.
디 찬 짜 마이드-ㅁ 라오 이-ㄱ

미래를 나타내는 전치사구나 부사구가 있을 경우 **จะ**는 사용하지 않아도 무방하다.

ปีหน้าเขา(จะ)ไปประเทศไทย 내년에 그는 태국에 갈 것이다.
삐- 나- 카오 짜 빠이 쁘라테-ㅅ 타이

หน้า 다음, 앞
ปีหน้า 내년
ดื่ม 마시다
เหล้า 술

03 태국의 행정구역

도(道)	군(郡)	면(面)	리(里)
จังหวัด 짱 왓	อำเภอ 암 퍼-	ตำบล 땀 본	หมู่บ้าน 무- 바-ㄴ

04 ไปเที่ยว [빠이 티-야우]

ไปเที่ยว는 **ไป**「가다」와, **เที่ยว**「놀다」의 동사 두 개가 사용되어「놀러가다」의 의미를 가진다. 이와 같이 하나의 주어 아래 서로 관계가 있는 두 개 이상의 동사를 사용할 경우 주어의 동작의 순서에 따라 사용하면 된다.

เขาไปซื้อหนังสือ
카오 빠이 쓰- 낭 쓰-
그는 책을 사러 간다.

ดิฉันและคุณแม่ไปกินข้าว
디 찬 래 쿤 매- 빠이 낀 카-우
어머니와 나는 밥을 먹으러 간다.

เขาซื้อผลไม้กลับบ้าน
카오 쓰-폰 라 마이 끄랍 바-ㄴ
그는 과일을 사서 집에 돌아간다.

ซื้อ 사다
ผลไม้ 과일
กลับ 돌아가다

Photo by GUIDENOP / Shutterstock.com

알카자 쇼 세계 8대 쇼로 꼽히는 팟타야의 알카자 쇼는 출연자들이 모두 여장을 한 남자들로 구성된 점이 특이하다.

1 다음 문장을 태국어로 바꾸어 보자.

① 나는 태국어를 배웁니다. ____________________

② 그녀는 밥을 먹지 않습니다. ____________________

③ 그는 과일을 사러 간다. ____________________

2 보기와 같이 아래 문장을 바꾸시오.

보기	คุณกินข้าว	→ คุณไม่กินข้าว → คุณกินข้าวหรือ → คุณไม่กินข้าวหรือ → คุณกินข้าวไหม → คุณกินข้าวหรือไม่

① เขาเรียนภาษาไทย

→

→

→

→

→

② คุณพ่อทำงาน

→

→

→

→

→

3 다음 문장을 진행형과 미래형으로 바꾸시오.

① คุณพ่อกลับบ้าน ____________________

② ดิฉันไปอ่านหนังสือภาษาไทย ____________________

③ คุณแม่ซักผ้า ____________________

สัตว์ (동물)

쌋

เสือ [쓰–아] 호랑이

วัว [우–어] 소

ม้า [마–] 말

หมา [마–] 개

หนู [누–] 쥐

งู [응우–] 뱀

กระต่าย [끄라따–이] 토끼

มังกร [망꺼–ㄴ] 용

ไก่ [까이] 닭

แกะ [깨] 양

หมู [무–] 돼지

ลิง [링] 원숭이

Part 04

เธอสวย

그녀는 예쁘다.

형용사 술어문

형용사 술어문은 형용사가 술어의 구실을 하는 문형이다. 태국어에서는 체언 술어문이나 동사 술어문과 같이 형용사의 형이 바뀌지 않는 특징을 지니고 있다.

핵심포인트

터- 쑤-어이

เธอ สวย 그녀는 예쁘다.
① ② / ① ②

쓰-아니- 패-ㅇ 마-ㄱ

เสื้อนี้ แพง มาก 이 옷은 매우 비싸다.
② ① ④ ③ / ① ② ③ ④

파̄- 싸̌- 타̄이 야̂-ㄱ 마̌이 크́랍

A ภาษาไทย ยาก ไหมครับ — 태국어가 어렵습니까?

① ② ③ — ① ② ③

야̂-ㄱ 닛́ 너̀-이 카̂

B ยาก นิดหน่อยค่ะ — 조금 어렵습니다.

② ① — ① ②

카̌오 짜̄이디̄- 마̌이 크́랍

A เขา ใจดี ไหมครับ — 그는 친절합니까?

① ③ ② — ① ② ③

카̌오 짜̄이디̄- 카̂

B เขา ใจดีค่ะ — 그는 친절합니다.

① ② — ① ②

새로운 낱말

สวย [쑤̌-어이] 예쁘다 | **เสื้อ** [쓰̂-아] 옷 | **นี้** [니́-] 이(지시형용사) | **แพง** [패̄-ㅇ] 비싸다 | **มาก** [마̂-ㄱ] 매우, 아주 | **ยาก** [야̂-ㄱ] 어렵다 | **นิดหน่อย** [닛́너̀-이] 조금 | **ใจดี** [짜̄이디̄-] 친절하다 | **อาหาร** [아̄-하̌-ㄴ] 음식, 식사 | **อร่อย** [아러̀-이] 맛있다

아̄- 하̌-ㄴ 니́- 아러̀-이디̄- 마̌이 크́랍

A **อาหารนี้ อร่อยดี ไหมครับ** 이 음식은 맛있습니까?

② ① ③ ④ / ① ② ③ ④

아러̀-이 마̂-ㄱ 카̂

B **อร่อย มากค่ะ** 아주 맛있습니다.

② ① / ① ②

형용사 술어문은 형용사가 술어의 구실을 하는 문형이다. 태국어에서는 체언 술어문이나 동사 술어문과 같이 형용사의 형이 바뀌지 않는 특징을 지니고 있다. 태국어의 형용사는 어순상 명사나 대명사 다음에 위치한다.

01 긍정문 : 주어 + 술어(형용사) ~은(는) ~하다

คุณแม่ อ้วน 어머니는 뚱뚱하다.
쿤 매^- 우^언

เขา แข็งแรง 그는 건강하다.
카ˇ오 캥ˇ 래-ㅇ

> **อ้วน** 뚱뚱하다
> **แข็งแรง** 건강하다, 튼튼하다

02 부정문 : 주어 + ไม่ + 술어(형용사) ~은(는) ~하지 않다

동사 술어문의 부정형과 마찬가지로 형용사 앞에 부정사 「ไม่[마^이]」를 두어 부정을 나타낸다.

คุณแม่ ไม่อ้วน 어머니는 뚱뚱하지 않다.
쿤 매^- 마^이우^언

กรุงโซล ไม่ร้อน 서울은 덥지 않다.
끄룽쏘-ㄴ 마^이러ˊ-ㄴ

> **เมือง** 도시
> **โซล** 서울
> **ร้อน** 덥다

03 의문문(1) : 주어 + (ไม่) + 형용사 + หรือ, ไหม ~은(는) 하(지 않)느냐?

ภาษาไทย ยากหรือ 태국어는 어렵습니까?
파-싸ˇ-타이 야^-ㄱ 르ˇ-

เขาไม่หล่อหรือ 그는 잘생겼지 않아요?
카ˇ오 마^이 러ˋ- 르ˇ-

เธอ สวยไหม 그녀는 예쁩니까?
터-쑤ˇ어이마ˇ이

> **หล่อ** 잘생겼다, 핸섬하다

04 의문문(2) : 주어 + 형용사 + หรือ + ไม่ ~은(는) ~하(지 않)느냐? [긍정, 부정의 선택의문문]

단도직입적으로 긍정과 부정의 답을 요구하는 의문문이다.

คุณแม่ สวย หรือไม่ 어머니는 예쁘십니까, 예쁘지 않으십니까?
쿤 매^- 쑤-ˇ어이 르ˇ- 마^이

อาจารย์ ใจร้อน หรือไม่ 교수님은 성미가 급하십니까, 아닙니까?
아- 짜-ㄴ 짜이러´-ㄴ 르ˇ- 마^이

> **ใจ** 마음
> **ใจร้อน** 성급하다

05 지시형용사

이	그(저)	저
นี้ 니´-	**นั้น** 난´	**โน้น** 노´-ㄴ

지시형용사는 명사 또는 수량사(유별사)뒤에 위치하며 앞서 배운 지시대명사 **นี่**, **นั่น**, **โน่น**과 발음은 같으나 성조가 3성인 것에 주의하기 바란다.

คนนี้ 이 사람
콘니´-

หนังสือโน้น 저 책
낭ˇ 쓰ˇ- 노´-ㄴ

06 ใจ (짜-이)

ใจ는 「마음」이란 의미로 형용사 앞에 붙이면 심적 상태를 나타내는 전성형용사가 된다.

ใจดี 친절하다
짜-이디-

ใจร้าย 못됐다, 마음이 나쁘다
짜-이라´-이

ใจร้อน 성급하다
짜-이러´-ㄴ

ใจเย็น 침착하다, 차분하다
짜-이 옌

ใจแคบ 마음이 좁다
짜-이캐^-ㅂ

ใจกว้าง 마음이 넓다
짜-이 꽈^-ㅇ

> **ร้าย** 나쁘다, 좋지 않다
> **ร้อน** 덥다
> **เย็น** 서늘하다, 시원하다
> **แคบ** 좁다
> **กว้าง** 넓다

실용 회화

อากาศ (날씨)

아- 까-ㅅ

A **วันนี้อากาศเป็นอย่างไร**
완 니- 아- 까-ㅅ 뻰 야-ㅇ 라이

B **ไม่ค่อยดี มีเมฆมาก**
마이 커-이 디- 미- 메-ㄱ 마-ㄱ

A **วันนี้อุณหภูมิ 32 องศา**
완 니- 운나하푸-ㅁ싸-ㅁ씹써-ㅇ옹싸-

B **ร้อนมาก**
러-ㄴ 마-ㄱ

A **ข้างนอกฝนตกหรือ**
카-ㅇ 너-ㄱ 혼 똑 르-

B **ตกนิดหน่อย**
똑 닛 너-이

A **มีลม(พัด)ด้วยหรือ**
미- 롬 팟 두-어이 르-

B **ครับ ลมแรง**
크랍 롬 래-ㅇ

어구정리

อากาศ [아-까-ㅅ] 날씨 | **วันนี้** [완니-] 오늘 | **ไม่ค่อย** [마이커-이] 그다지 …하지 않다 | **เมฆ** [메-ㄱ] 구름 | **อุณหภูมิ** [운나하푸-ㅁ] 기온 | **องศา** [옹싸-] 도(度) | **ข้างนอก** [카-ㅇ너-ㄱ] 바깥, 밖 | **ฝน** [혼] 비 | **ตก** [똑] 떨어지다, (비, 눈) 오다 | **นิดหน่อย** [닛너-이] 조금 | **ลม** [롬] 바람 | **พัด** [팟] 불다 | **แรง** [래-ㅇ] 세다

A 오늘 날씨가 어떻습니까?

B 그다지 좋지 않습니다. 매우 흐려요.

A 오늘 기온은 32도입니다.

B 매우 덥습니다.

A 밖에는 비가 옵니까?

B 조금 옵니다.

A 바람도 붑니까?

B 네, 바람이 셉니다.

밑줄 친 단어를 사용해 문장을 바꾸어 봅시다.

1

บ้านคุณ ไกลไหมครับ ➡ ค่ะ บ้านดิฉัน ไกลมาก
바̂-ㄴ 쿤 끌̄라이 마̌이 크랍 / 카̂ 바̂-ㄴ디찬̌ 끌̄라이 마̂-ㄱ

① มหาวิทยาลัย/ใกล้
마́하̌-윗́타야̄-라̄이 / 끌̂라이

② เขา/สูง
카̌오 / 쑹̌

③ รองเท้านี้/ถูก
러̄-ㅇ타́오니́- / 투̀-ㄱ

④ วันนี้/ร้อน
완̄니́- / 러́-ㄴ

2

คนไหน สวย ➡ คนนี้สวย
콘̄ 나̌이 쑤̌-어이 / 콘̄니́-쑤̌-어이

① ประเทศไหน/ใหญ่/ประเทศไทย
쁘라̀-테̂-ㅅ나̌이 / 야̀이 / 쁘라̀-테̂-ㅅ타̄이

② ใคร/รวย/เขา
크라̄이 / 루̄-어이 / 카̌오

3

น้ำนี้ เย็น ➡ น้ำนี้ไม่เย็น
남́니́- 옌̄ / 남́니́- 마̂이 옌̄

① สีนั้น/สวย
씨̌-난́ / 쑤̌-어이

② ตึกนั้น/ใหญ่
뜩̀ 난́ / 야̀이

③ กระเป๋านั้น/หนัก
끄라̀빠̌오난́ / 낙̀

해석 및 어구정리

1 당신 집은 멉니까? 네, 나의 집은 멉니다.

ไกล 멀다 | **มหาวิทยาลัย** 대학교 | **ใกล้** 가깝다 | **สูง** 높다, 키가 크다 | **ถูก** 싸다, 옳다 | **วัน** 일(日), 날 | **วันนี้** 오늘

2 어느 분이 예쁩니까? 이분이 예쁩니다.

ใหญ่ 크다 | **รวย** 부유하다

3 이 물은 시원합니다. 이 물은 시원하지 않습니다.

เย็น 시원하다, 저녁 | **สี** 색 | **ตึก** 건물 | **หนัก** 무겁다

01 ไม่ค่อย [마̂이커̂-이] 구문

태국어의 「그다지 ~하지 않다」라는 의미로 내용의 일부만 부정하는 부분부정을 나타내는 표현은 「**ไม่ค่อย** + 동사」 혹은 「**ไม่ค่อย** + 동사 …(**เท่าไร**)**นัก** [(타̂오라̄이)낙́]」의 구문을 사용한다.

รูปนี้ ไม่ค่อย สวย
루̄-ㅂ니́-마̂이커̂-이쑤̌-어이

이 그림은 그다지 예쁘지 않다.

ผม ไม่ค่อย หิวเท่าไร
폼̌ 마̂이커̂-이 히̌-우타̂오라̄이

나는 그다지 배가 고프지 않다.

รูป 그림
หิว 배고프다

02 방향을 나타내는 부사

위쪽	아래쪽	오른쪽	왼쪽
ข้างบน 카̂-ㅇ본	**ข้างล่าง** 카̂-ㅇ라̂-ㅇ	**ข้างขวา** 카̂-ㅇ콰̌-	**ข้างซ้าย** 카̂-ㅇ싸́-이
동쪽	**서쪽**	**남쪽**	**북쪽**
ทิศตะวันออก 팃́따̀완어̀-ㄱ	**ทิศตะวันตก** 팃́따̀완똑̀	**ทิศใต้** 팃́따̂이	**ทิศเหนือ** 팃́ 느̌-아
앞	**안**	**뒤**	**밖**
ข้างหน้า 카̂-ㅇ나̂-	**ข้างใน** 카̂-ㅇ나이	**ข้างหลัง** 카̂-ㅇ랑̌	**ข้างนอก** 카̂-ㅇ너̂-ㄱ

ข้าง 옆, ~쪽
ทิศ 방향
ตะวัน 해
ตก 떨어지다
ออก 나오다, 나가다
ใต้ 남, 밑
เหนือ 북, 위

연습문제

1 다음 문장을 태국어로 바꾸어 보자.

① 태국어는 매우 어렵다.

____

② 오늘 저는 매우 피곤합니다.

____

③ 그 옷은 매우 예쁩니다.

____

④ 오늘은 날씨가 그다지 좋지 않습니다.

____

⑤ 바깥에는 비가 옵니다.

____

2 보기와 같이 아래 문장을 바꾸시오.

보기 ตุ๊กตานั้นสวย → ตุ๊กตานั้นไม่สวย
→ ตุ๊กตานั้นสวยไหม
→ ตุ๊กตานั้นไม่สวยหรือ

① อาจารย์ใจดี
→
→
→

② บ้านคุณใกล้
→
→
→

เขามีเงิน

그는 돈을 가지고 있다.

มี 동사문

「~은(는) ~을(를) 가지고 있다」, 「~에 ~이(가) 있다」 처럼 소유, 존재 등을 나타내는 동사가 있는 문형이다.

핵심포인트

카오 미 응어-ㄴ
เขา มี เงิน
① ③ ②

그는 돈이 있습니다.
① ② ③

폼 마이미- 롯
ผม ไม่มี รถ
① ③ ②

나는 차가 없습니다.
① ② ③

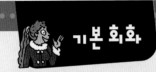

기본회화

크러-ㅂ 크루-어 쿤 미- 끼- 콘 카

A ครอบครัวคุณมีกี่คน คะ

② ① ⑤ ③ ④

당신은 가족이 몇 명 입니까?

① ② ③ ④ ⑤

미- 씨- 콘 미- 쿤 퍼- 쿤 매-

B มีสี่คน มีคุณพ่อ คุณแม่

③ ① ② ④ ⑤

네 분 있습니다. 아버지, 어머니

① ② ③ ④ ⑤

너-ㅇ 차-이 래 폼 크랍

น้องชาย และผม ครับ

⑥ ⑦ ⑧

남동생, 그리고 제가 있습니다.

⑥ ⑦ ⑧ ⑨

쿤 라 미- 피- 너-ㅇ 끼- 콘 크랍

คุณล่ะ มีพี่น้องกี่คนครับ

① ② ⑥ ③ ④ ⑤

당신은요? 형제가 몇 명입니까?

① ② ③ ④ ⑤ ⑥

미-써-ㅇ 콘 미- 피- 차-이 능 콘

A มีสองคน มีพี่ชายหนึ่งคน

③ ① ② ⑩ ④ ⑤ ⑥

두 명 있습니다. 오빠 한 명,

① ② ③ ④ ⑤ ⑥

너-ㅇ 싸-우 능 콘 카

น้องสาวหนึ่งคนค่ะ

⑦ ⑧ ⑨

여동생 한 명 있습니다.

⑦ ⑧ ⑨ ⑩

새로운 낱말

เงิน [응어-ㄴ] 돈 | **รถ** [롯] 차 (일반적인 모든 차량의 총칭) | **บ้าน** [바-ㄴ] 집 | **ครอบครัว** [크러-ㅂ크루-어] 가족 | **สี่** [씨-] 4, 넷 | **น้อง** [너-ㅇ] 동생 (손아랫사람을 부르는 호칭) | **ชาย** [차-이] 남자 | **สาว** [싸-우] 아가씨, 처녀 (결혼하지 않은 여성) | **พี่** [피-] 형, 오빠, 누나, 언니 (손윗사람을 부르는 호칭) | **กี่** [끼-] 몇 (의문사) | **สอง** [써-ㅇ] 2, 둘 | **หนึ่ง** [능] 1, 하나 | **อยู่** [유-] 있다, 계시다, 존재하다 | **แล้ว** [래-우] 완료를 나타내는 조동사, 그리고, 그러고 나서, 그리고 또한 (접속사)

쿤 퍼̂- 유̀- 티̂- 바̂-ㄴ 마̌이 크랍

B **คุณพ่ออยู่ที่บ้านไหมครับ**
① ④ ③ ② ⑤

아버지는 집에 계십니까?
① ②③ ④ ⑤

마̂이 유̀- 카̀ 빠이 탐 응아-ㄴ 래́-우카̂

A **ไม่อยู่ค่ะ ไปทำงานแล้วค่ะ**
① ③ ② ① ④

안 계십니다. 일하러 가셨습니다.
① ① ② ③ ④

01 มี [미-] 동사문

「~은(는) ~을(를) 가지고 있다」, 「~에 ~이(가) 있다」처럼 주어 뒤에 소유 · 존재 등을 나타내는 동사가 있는 문형이다.

※ 일반적으로 「มี」 앞에 있는 주어가 소유를 나타내는 명사인 경우와 장소사를 사용하여 존재를 나타내는 두 가지 유형으로 나눌 수 있다. 첫째 경우에는 「가지다(to have)」, 「소유하다(to own, to possess)」의 뜻을 가지고, 둘째 경우에는 「있다, 존재하다(to exist)」의 뜻을 가진다.

① 주어(소유) + มี ~은(는) ~을(를) 가지고 있다

เขามีหนังสือภาษาไทย 그는 태국어 책을 가지고 있다.
카오미- 낭 쓰- 파-싸-타이

เธอมีความสามารถ 그녀는 능력을 가지고 있다.
터- 미- 콰-ㅁ 싸- 마-ㅅ

ความสามารถ 능력

② 주어(장소) + มี …에 ~이(가) 있다

แถวนี้ มี ห้องสมุด 이 근처에 도서관이 있다.
태-우니-미-허-ㅇ싸뭇

ในสวนมีดอกไม้สวยเยอะแยะ 정원에는 아름다운 꽃이 많이 있다.
나이 미- 더-ㄱ 마이 쑤-어이 여예

แถว 근처, 지역
สวน 정원, 공원
สาธารณะ 공공, 공중, 대중
เยอะแยะ 많다
ดอกไม้ 꽃

02 อยู่ [유-] 동사문

「~에 ~이 있다」라는 문형은 「มี」 외에도 「อยู่」를 사용한다. 그러나 주어와 목적어의 성질에 따라 구분하여 사용해야 한다. 아래 예를 보고 정확하게 구분하여 사용하자.

주어(장소) + มี

ในตู้เย็นมีน้ำ 냉장고 안에 물이 있다.
나이뚜-옌미-남

ใน ~에, ~안에
ตู้เย็น 냉장고

주어 + อยู่ + 장소

อาจารย์อยู่ในห้องเรียน 교수님은 교실에 계신다.
아-짜-ㄴ유-나이허-ㅇ 리-얀

เขาอยู่ที่โน่น 그는 저기에 있다.
카오유-티-노-ㄴ

ห้อง 방
ห้องเรียน 교실

03 수

1	2	3	4	5
หนึ่ง 능	สอง 써-ㅇ	สาม 싸-ㅁ	สี่ 씨-	ห้า 하-
6	**7**	**8**	**9**	**10**
หก 혹	เจ็ด 쩻	แปด 빼-ㅅ	เก้า 까오	สิบ 씹
11	**12**	**20**	**21**	**30**
สิบเอ็ด 씹엣	สิบสอง 씹써-ㅇ	ยี่สิบ yi-씹	ยี่สิบเอ็ด yi-씹엣	สามสิบ 싸-ㅁ씹
31	**100**	**101**	**200**	**201**
สามสิบเอ็ด 싸-ㅁ씹엣	ร้อย 러-이	ร้อยหนึ่ง 러-이능	สองร้อย 써-ㅇ러-이	สองร้อยหนึ่ง 써-ㅇ러-이능
1,000	**10,000**	**100,000**	**1,000,000**	**10,000,000**
พัน 판	หมื่น 므-ㄴ	แสน 쌔-ㄴ	ล้าน 라-ㄴ	สิบล้าน 씹 라-ㄴ
억				
ร้อยล้าน 러-이 라-ㄴ				

※ 10 단위에 오는 1자는 **หนึ่ง** [능]이라 하지 않고 **เอ็ด** [엣]을 쓴다.
20은 **สองสิบ** [써-ㅇ씹]이라 하지 않고 **ยี่สิบ** [yi- 씹]이라 한다.

싼스크릿어의 기수사는 자주 사용하지 않지만 군인이나 경찰 등의 계급, 공무원의 등급을 나타낼 때 그리고 학위 등급을 나타낼 때 주로 사용하며 아래와 같다.

1	2	3	4	5
เอก 에-ㄱ	โท 토-	ตรี 뜨리-	จัตวา 짯따와-	ปัญจะ 빤짜
6	**7**	**8**	**9**	**10**
ฉ้อ 처-	สัตตะ 쌋따	อัฏฐะ 앗타	นวะ 나와	ทศะ 톳싸

ร้อยเอก 대위
러-이에-ㄱ

พันโท 중령
판 토-

พลตรี 소장
폰뜨리-

ปริญญาตรี 학사
쁘린 야- 뜨리-

04 수량사(유별사, 형상명사)

1. 수량사의 위치

가. 명사 + 수사 + 수량사

คนไทยสามคน 태국인 세 사람
콘 타이 싸-ㅁ 콘

ไข่ไก่สี่ฟอง 계란 네 개
카이 까이 씨- 훠-ㅇ

รถเมล์สองคัน 버스 두 대
롯 메- 써-ㅇ 칸

나. 명사 + 수량사 + 지시형용사

บ้านหลังนี้ 이 집
바-ㄴ 랑 니-

ดินสอแท่งนั้น 그 연필
딘 써- 태-ㅇ 난

เครื่องบินลำโน้น 저 비행기
크르-앙 빈 람 노-ㄴ

다. 명사 + 형용사 + 수사 + 수량사

รองเท้าขาวสามคู่ 하얀 구두 세 켤레
러-ㅇ타오카-우싸-ㅁ쿠-

หมวกดำสองใบ 검은 모자 두 개
무-억 담 써-ㅇ 바이

นกเล็กห้าตัว 다섯 마리의 작은 새
녹 렉하- 뚜-어

라. 명사 + 형용사 + 수량사 + 지시 형용사

บ้านใหญ่หลังนี้ 이 큰 집
바-ㄴ 야이 랑 니-

ผู้หญิงไทยสวยคนโน้น 저 예쁜 태국 여자
푸-잉 타이 쑤-어이 콘노-ㄴ

สบู่ขาวก้อนนั้น 그 하얀 비누
싸부-카-우 꺼-ㄴ 난

마. 명사 + 형용사 + 수사 + 수량사 + 지시 형용사

จานใหญ่สามใบนี้ 이 세 개의 큰 접시
짜-ㄴ야이싸-ㅁ바이니-

รถเล็กสี่คันนั้น 저 네 대의 작은 차
롯 렉 씨- 칸 난

คนไทยสูงสองคนโน้น 저 두 사람의 키가 큰 태국인
콘 타이 쑤-ㅇ 써-ㅇ 콘노-ㄴ

※ 하나를 셀 때에는 수사와 수량사의 위치가 바뀌어도 무방하다.

คนไทยคนหนึ่ง 태국인 한 사람
콘 타이 콘 능

รถคันหนึ่ง 자동차 한 대
롯 칸 능

2. 수량사의 종류

수 량 사	종 류
คัน 칸 (대)	자동차, 우산
เครื่อง 크르-앙 (대)	기계류 전부(냉장고, TV 등)
ก้อน 꺼-ㄴ (개)	돌, 비누
คน 콘 (사람, 분)	사람을 지칭
คู่ 쿠- (짝, 쌍, 켤레)	짝으로 되어 있는 것 (구두, 양말, 눈, 귀)
ฉบับ 차밥 (장, 통)	신문, 편지, 서류
ชิ้น 친 (점, 쪽, 조각)	고기, 떡 등
ชุด 춧 (벌)	의복
ซอง 써-ㅇ (장, 갑)	봉투, 담배
ต้น 똔 (그루)	나무
ตัว 뚜-어 (마리, 개)	동물, 의자, 책상
แท่ง 태-ㅇ (개, 자루)	연필, 양초
ใบ 바이 (개, 잎, 장)	접시, 나뭇잎, 종이, 상자
แผ่น 패-ㄴ (장)	종이, 유리

수 량 사		종 류
ฟอง 훠-ㅇ	(개)	계란, 알
ม้วน 무-언	(개피)	담배
รูป 루-ㅂ	(사람, 분)	승려
โรง 로-ㅇ	(곳)	극장, 병원
แห่ง 해-ㅇ	(군데, 곳)	장소, 지점
ลำ 람	(대, 척)	비행기, 선박
ลูก 루-ㄱ	(개)	공, 열쇠, 과일
เล่ม 레-ㅁ	(권, 자루)	책, 작은 칼
สาย 싸-이	(선, 줄기)	도로, 강, 운하
หลัง 랑	(채)	집, 건물
อย่าง 양-ㅇ	(개, 가지)	여러 가지 물건
อัน 안	(개)	여러 가지 물건

• 수량사가 없는 명사는 명사 자체를 수량사로 사용(앞의 명사를 생략하여 사용)

คนสองคน 사람 두 명
콘 써ˇ-ㅇ 콘

เมืองสามเมือง 세 개의 도시
므-앙 싸ˇ-ㅁ 므-앙

ประเทศสี่ประเทศ 네 개의 국가
쁘라테^-ㅅ 씨-쁘라테^-ㅅ

ห้องห้าห้อง 방 다섯 개
허^-ㅇ 하^- 허^-ㅇ

• 보통명사가 수량사로 쓰일 경우도 있다.

น้ำสามแก้ว 물 세 잔
남 싸ˇ-ㅁ 깨^-우

เกลือสองช้อน 소금 두 숟가락
끄르-어써ˇ-ㅇ처-ㄴ

สามถุง 세 봉지
싸ˇ-ㅁ 퉁

쑤코타이 역사공원 세계문화유산으로 영구보존되고 있는 쑤코타이 왕국의 유적지

밑줄 친 단어를 사용해 문장을 바꾸어 봅시다.

1 ที่โรงเรียน มี ห้องสมุดไหม ➡ มี ➡ ไม่มี

티^- 로-ㅇ리-얀미-허^-ㅇ 싸못 마이 → 미- → 마^이미-

① บริษัท/คอมพิวเตอร์ 버리 쌋 커-ㅁ 피-우 떠-
② บ้าน/วิดีโอ 바^-ㄴ 위디오-
③ ห้องเรียน/ทีวี 허^-ㅇ리-얀 티-위-
④ ห้อง/เตียง 허^-ㅇ 띠-양

2 ในกล่องมีอะไร ➡ มี กล้องถ่ายรูป

나이 끄러-ㅇ미-아라이 → 미-끄러^-ㅇ타-이루^-ㅂ

① ในกระเป๋า/แว่นตา 나이끄라빠오 왜^-ㄴ따-
② บนโต๊ะ/ดินสอ 본 또 딘 써-
③ หลังบ้าน/สวน 랑 바^-ㄴ 쑤-언
④ หน้าตึก/ร้านขายยา 나- 뜩 라-ㄴ카-이야-

3 เขาอยู่ในห้องเรียนหรือ ➡ อยู่ ➡ ไม่อยู่

카오 유-나이허^-ㅇ리-얀 르- → 유- → 마^이유-

① บ้าน 바^-ㄴ
② ร้านอาหาร 라-ㄴ아-하-ㄴ
③ ตึก 뜩

해석 및 어구정리

1 학교에는 도서관이 있습니까? → 있습니다 → 없습니다

บริษัท 회사 | **คอมพิวเตอร์** 컴퓨터 | **วิดีโอ** 비디오 | **ห้องเรียน** 교실 | **ทีวี** TV | **เตียง** 침대

2 상자 안에는 무엇이 있습니까? → 사진기가 있습니다.

กล้องถ่ายรูป 사진기 | **แว่นตา** 안경 | **บน** 위 | **โต๊ะ** 테이블, 탁자 | **หลัง** 뒤 | **ตึก** 건물 | **หน้า** 앞 **ร้าน** 가게 | **ขาย** 팔다 | **ยา** 약 | **ร้านขายยา** 약국

3 그는 교실 안에 있습니까? → 있습니다 → 없습니다

ร้านอาหาร 식당 | **อาหาร** 음식

ครอบครัว (가족)

크러-ㅂ 크루-어

A **ครอบครัวคุณมีกี่คนครับ**
크러-ㅂ 크루-어 쿤 미- 끼- 콘 크랍

B **มีสี่คนค่ะ คุณล่ะ**
미- 씨- 콘 카 쿤 라

A **มีสี่คนเช่นเดียวกันครับ**
미- 씨- 콘 체-ㄴ 디-야우 깐 크랍

มีคุณพ่อ คุณแม่ พี่สาวและผม
미- 쿤 퍼- 쿤 매- 피-싸-우 래 폼

B **คุณพ่อของคุณทำงานอะไรคะ**
쿤 퍼- 커-ㅇ 쿤 탐 응아-ㄴ 아 라이 카

A **คุณพ่อเป็นพนักงานธนาคารครับ**
쿤 퍼- 뻰 파 낙 응아-ㄴ 타 나- 카-ㄴ 크랍

B **พี่สาวของคุณก็เป็นนักศึกษาหรือคะ**
피- 싸-우 커-ㅇ 쿤 꺼- 뻰 낙 쓱 싸- 르- 카

A **ไม่ใช่ครับ เธอเป็นแม่บ้าน**
마이 차이 크랍 터- 뻰 매- 바-ㄴ

B **มีลูกไหมคะ**
미-루-ㄱ 마이 카

A **ยังไม่มีครับ**
양 마이 미- 크랍

어구정리

ธนาคาร [타나-카-ㄴ] 은행 | **แต่งงาน** [때-ㅇ응아-ㄴ] 결혼하다 | **ลูก** [루-ㄱ] 자식 | **ยัง** [양] 아직 | **แม่บ้าน** [매-바-ㄴ] 가정주부, 가정부

A 당신은 가족이 몇 명 있습니까?

B 네 명 있습니다, 당신은요?

A 역시 네 명입니다.

아버지, 어머니, 누나, 그리고 제가 있습니다.

B 당신의 아버지는 무슨 일을 하십니까?

A 아버지는 은행원이십니다.

B 당신 누나도 대학생입니까?

A 아닙니다. 그녀는 가정주부입니다.

B 자녀가 있습니까?

A 아직 없습니다.

포인트

01 의문사 กี่ [끼-]

수량이 어느 정도인지를 묻는 의문사로 쓰이는 กี่는 어느 정도 셀 수 있는 수량에 쓰인다. 한편 เท่าไร [타오라이]는 수량의 범위에 관계없이 사용한다. กี่는 우리말의 「몇」, เท่าไร는 「얼마」로 번역이 된다. กี่는 사용할 경우에는 「명사 + กี่ + 수량사」의 형태를 취하며 반드시 수량사를 써야 하지만 เท่าไร를 사용할 때는 수량사를 생략한다.

ในห้องเรียนมีนักศึกษากี่คน 교실 안에는 학생이 몇 명 있습니까?
나이 허-ㅇ 리-얀 미- 낙 쓱 싸- 끼- 콘

บนโต๊ะมีหนังสือกี่เล่ม 상 위에 책이 몇 권 있습니까?
본 또 미- 낭 쓰- 끼- 레-ㅁ

คุณมีเงินเท่าไร 당신은 돈이 얼마나 있습니까?
쿤미-응어-ㄴ타오라이

02 ยัง [양]

ยัง은 「아직」의 뜻으로 동작이 아직 발생하지 않거나, 완성되지 않았음을 나타내는 부사이다. ยัง이 전치사로 쓰일 경우에는 「…(을)를 향해서, …로」의 의미이며 동사 앞에 위치한다. 부정일 경우 「ยัง + ไม่」의 형태를 취한다.

คุณหมอยังไม่มา 의사선생님은 아직 오지 않으셨다.
쿤 머- 양 마이 마-

เด็ก ๆ ยังกินข้าวอยู่ 아이들은 아직도 밥을 먹고 있다
덱 덱 양 낀 카-우 유-

ผมยังไม่เคยกินอาหารไทย 나는 아직 태국음식을 먹어 본 경험이 없다.
폼 양 마이크ㅓ-이 낀 아- 하-ㄴ 타이

เขายังไม่ไป 그는 아직 가지 않았다.
카오 양 마이빠이

ข้าวยังไม่สุก 밥이 아직 익지 않았다.
카-우 양 마이 쑥

잠깐만요!

태국어의 의문조사 중의 하나로 **หรือยัง**[르̌-양̄](~했습니까? 아직입니까?)이 있다. 이러한 물음에 대한 대답은 긍정일 경우 「동사」 혹은 「동사 + **แล้ว**」, 부정일 경우 「**ยัง**」 혹은 「**ยังไม่** + 동사」로 하면 된다.

คุณกินข้าวหรือยัง 당신은 밥 먹었습니까? 아직입니까?
쿤 낀 카̂-우 르̌- 양

กินแล้ว 먹었다.
낀 래́-우

ยัง 아직이다.
양

ยังไม่กิน 아직 안 먹었다.
양 마̂이 낀

왓시춤

연습문제

1 아래 문장을 읽고 해석해 보자.

① คุณพ่อมีเงินมาก

② บ้านคุณอยู่ที่ไหน

③ ในมหาวิทยาลัยมีต้นไม้เยอะแยะ

④ ในกระเป๋ามีอะไร

⑤ คุณมีครอบครัวกี่คน

⑥ คุณเรียนภาษาไทยนานเท่าไร

⑦ คุณกินข้าวหรือยัง

2 아래 숫자를 태국어로 읽어 보시오.

① 378,946 ② 356

③ 21 ④ 25,672

⑤ 1,248 ⑥ 1,245,728

3 아래 문장 가운데 (   ) 안에 알맞는 수량사를 써 넣으시오.

① ดิฉันมีหนังสือภาษาไทยสาม (   )

② ดินสอแดงสอง (   ) นี้เป็นของผม

③ นายสมชายมีรถใหญ่หนึ่ง (   )

④ ลิง (   ) นั้นน่ารักมาก

⑤ คุณพ่อผมมีบ้านสอง (   )

⑥ เขาซื้อเสื้อแดงสาม (   )

⑦ บ้านเรามีห้องนอนสอง (   )

⑧ เครื่องบิน (   ) นี้แพงมาก

⑨ เขาสูบบุหรี่วันละสิบ (   )

⑩ คนเกาหลีสาม (   ) ไปดูหนัง

4 아래 한국어를 태국어로 작문하시오.

① 나는 태국에 세 채의 집이 있다. ________________

② 아버지는 커피 한 잔을 마신다. ________________

③ 그는 밥을 두 접시 먹는다. ________________

④ 어머니는 빨간 모자 한 개를 사신다. ________________

⑤ 그 두 마리의 개는 내 친구의 개다. ________________

알아둡시다

ครอบครัว (가족)

크러^-ㅂ크루̄-어

คุณปู่ [쿤 뿌̀-]
할아버지

คุณย่า [쿤 야̂-]
할머니

คุณตา [쿤 따̄-]
외할아버지

คุณยาย [쿤 야̄-이]
외할머니

คุณพ่อ [쿤 퍼̂-]
아버지

คุณแม่ [쿤 매̂-]
어머니

พี่ชาย [피̂-차̄-이]
형, 오빠

ผม [폼̌]
나

พี่สาว [피̂-싸̌-우]
누나, 언니

น้องสาว [너́-ㅇ싸̌-우] 여동생

น้องชาย [너́-ㅇ차̄-이] 남동생

Part 06

วันนี้วันอาทิตย์

오늘은 일요일이다.

명사 술어문

명사 · 명사구 또는 유별사(수량사) 등이 술어가 되는 문형을 명사 술어문이라 하며 주로 구어체에서 사용한다.

핵심포인트

완 니́- 완 아- 팃

วันนี้ วันอาทิตย์
① ②

오늘은 일요일입니다.
① ②

혹 모-ㅇ yi̇̂- 씹 나- 티-

หกโมง ยี่สิบ นาที
① ② ③ ④

6시 20분입니다.
①② ③④

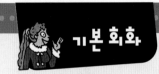

기본 회화

완 니- 완 아 라이 크랍

A วันนี้วันอะไรครับ

① ③ ②

오늘은 무슨 요일입니까?

① ③ ②

완 니- 완 싸오 카

B วันนี้วันเสาร์ค่ะ

① ②

오늘은 토요일입니다.

① ②

완 니- 완 티- 타오 라이 크랍

A วันนี้วันที่เท่าไรครับ

① ②

오늘은 며칠입니까?

① ②

완 니- 완 티- 씹 쩻 드-안 뚜 라- 콤 카

B วันนี้วันที่17 เดือนตุลาคมค่ะ

① ⑤ ④ ③ ②

오늘은 10월 17일입니다.

① ②③ ④⑤

새로운 낱말

วัน [완] 일(日), 날, 요일 | **วันนี้** [완니-] 오늘 | **อาทิตย์** [아-팃] 해, 태양, 주, 일주일 | **วันอาทิตย์** [완아-팃] 일요일 | **โมง** [모-ㅇ] 시(時) | **นาที** [나-티-] 분(分) | **วันเสาร์** [완싸오] 토요일 | **วันที่** [완티-] 날짜, ~일(日) | **เดือน** [드-안] 달, 월(月) | **วันศุกร์** [완쑥] 금요일 | **พรุ่งนี้** [프룽니-] 내일 | **เกิด** [꺼-ㄷ] 태어나다, 일어나다, 생기다, 발생하다 | **วันเกิด** [완꺼-ㄷ] 생일

완 니́-완 쑥 르̌- 크랍
A **วันนี้วันศุกร์หรือครับ**
① ② ③

오늘은 금요일입니까?
① ② ③

마̂이 차̂이 프룽̂ 니́-완 쑥 카̂
B **ไม่ใช่ พรุ่งนี้วันศุกร์ค่ะ**
① ② ③

아니요, 내일이 금요일입니다.
① ② ③

프̂룽니́- 뻰 완끄̀ㅓ-ㄷ 커̌-ㅇ 쿤 퍼̂-
A **พรุ่งนี้ เป็นวันเกิด ของ คุณพ่อ**
① ④ ③ ②

내일은 아버지의 생신입니다.
① ② ③ ④

명사 술어문은 명사 · 명사구 또는 유별사(수량사) 등이 직접 술어가 되는 문형을 명사 술어문이라 하며 주로 구어체에서 사용한다. 계동사 **เป็น**을 사용하지 않아도 되는 문장이다.

01 긍정문 : 주어 + 술어(명사) ~은(는) ~이다

술어인 명사 앞에 **เป็น**을 써도 되지만 거의 생략하여 사용한다.

시간 · 때

ตอนนี้กี่โมง
떠-ㄴ니-끼-모-ㅇ
지금 몇시입니까?

ตอนนี้เก้าโมงครึ่ง
떠-ㄴ니- 까오 모-ㅇ 크릉
지금은 9시 반입니다.

ตอนนี้เวลาเท่าไร
떠-ㄴ 니-외-라-타오라이
지금 시간이 얼마나 되었죠?

> **ตอนนี้** 지금
> **ครึ่ง** 반, 1/2

날짜

วันนี้วันที่เท่าไร
완 니-완티-타오라이
오늘은 며칠입니까?

วันนี้วันที่ 11
완 니-완티-씹엣
오늘은 11일입니다.

วันนี้วันอะไร
완 니-완 아라이
오늘은 무슨 요일이냐?

วันนี้วันจันทร์
완 니- 완 짠
오늘은 월요일입니다.

> **จันทร์** 달

가격 · 계산

นี่เท่าไร
니-타오라이
이것은 얼마입니까?

ราคาเท่าไร
라-카- 타오라이
가격이 얼마입니까?

นั่นกี่บาท
난 끼- 바-ㅅ
그것은 몇 바트입니까?

กิโลละยี่สิบห้าบาท
끼로-라 yi- 씹 하- 바-ㅅ
kg당 25바트이다.

> **ราคา** 가격
> **บาท** 바트
> (태국화폐, 단위
> 1บาท=약33원)
> **กิโล** 킬로그램
> **ละ** ~당, ~마다

02 부정문 : 주어 + ไม่ใช่ + 명사 ~은(는) ~아니다

부정문의 경우 반드시 명사 앞에 **ไม่ใช่**를 써야 한다.

วันนี้ไม่ใช่วันที่ 20 오늘은 20일이 아닙니다.
완니-마이차이완티-씹싸-ㅇ

วันนี้ไม่ใช่วันศุกร์ 오늘은 금요일이 아닙니다.
완 니- 마이 차이 완 쑥

잠깐만요!

① 시간과 때를 물어보는 경우 **กี่โมง** [끼-모-ㅇ](몇 시?)과 **เวลาเท่าไร** [외-라-타오라이](시간이 얼마이냐?)의 두 가지 표현이 있다.

② 날짜를 물어보는 경우 **วันที่เท่าไร** [완티-타오라이]로 해야 되는데, 이 때의 **ที่**는 서수사를 만들 때 사용한다. 즉 서수사는 수사 앞에 **ที่**를 붙여 「~번째, 제 ~」의 의미를 갖는다.

คนที่สอง 두 번째 사람
콘 티-써-ㅇ

วันที่สาม 제3일, 3일째
완 티-싸-ㅁ

ปี ที่ สี่ 제4년, 네 번째 해, 4학년
삐-티-씨-

03 날짜 · 요일 · 계절의 표기와 읽기

날짜(년, 월, 일)

태국어로 년, 월, 일을 나타내고자 할 때는 한국어의 어순과는 반대로 일, 월, 년으로 표시한다. 즉, 일(**วันที่** 완티-), 월(**เดือน** 드-안), 년(**ปี** 삐-)를 수사와 결합시켜 나타낸다.

วันที่ 30 เดือนกันยายน ปีสองศูนย์หนึ่งสี่ 2014년 9월 30일
완 티-싸-ㅁ 씹 드-안 깐 야- 욘 삐-써-ㅇ 쑤-ㄴ능 씨-

• 태국어의 월(月)은 아래와 같다.

มกราคม 목 까 라- 콤	1월	กุมภาพันธ์ 꿈 파- 판	2월
มีนาคม 미-나-콤	3월	เมษายน 메- 싸-욘	4월
พฤษภาคม 프르 싸 파-콤	5월	มิถุนายน 미 투 나-욘	6월
กรกฎาคม 까 라 까 다-콤	7월	สิงหาคม 씽 하- 콤	8월
กันยายน 깐 야- 욘	9월	ตุลาคม 뚜 라- 콤	10월
พฤศจิกายน 프르 싸 찌 까-욘	11월	ธันวาคม 탄 와- 콤	12월

• 연대(年代), 세기(世紀)는 다음과 같이 나타낸다.

ทศวรรษที่สองศูนย์ศูนย์ศูนย์ 톳 싸 왓 티- 써-ㅇ쑤-ㄴ쑤-ㄴ쑤-ㄴ	2000년대
ศตวรรษที่ยี่สิบเอ็ด 싸 따 왓 티-yi-씹 엣	21세기

요일 및 계절

• 태국어의 요일 및 계절의 명칭은 아래와 같다.

วันจันทร์ 완 짠	월요일	วันอังคาร 완 앙 카-ㄴ	화요일
วันพุธ 완 풋	수요일	วันพฤหัสบดี 완프르핫싸버디-	목요일
วันศุกร์ 완 쑥	금요일	วันเสาร์ 완 싸오	토요일
วันอาทิตย์ 완 아- 팃	일요일	ฤดูร้อน 르두-러-ㄴ	여름

ฤดูฝน 르두-혼	우기	**ฤดูหนาว** 르두-나-우	겨울
ฤดูใบไม้ผลิ 르두-바이마이프리	봄	**ฤดูใบไม้ร่วง** 르두-바이마이루-엉	가을

※태국에는 여름, 우기, 겨울 등 3계절이 있다.
보통 여름은 3~7월, 우기는 8월~11월, 겨울은 12월~2월까지이다.

- 앞의 년 · 요일 · 일의 표기법에 따라 주로 쓰이는 시간부사를 정리하면 다음과 같다.

그저께	어제	오늘	내일	모레
วานซืนนี้ 와-ㄴ쓰-ㄴ니-	**เมื่อวานนี้** 므-아와-ㄴ 니-	**วันนี้** 완 니-	**พรุ่งนี้** 프룽 니-	**มะรืนนี้** 마르-ㄴ니-
재작년	**작년**	**올해**	**내년**	**내후년**
สองปีก่อน 써-ㅇ삐-꺼-ㄴ	**ปีที่แล้ว** 삐-티-래-우	**ปีนี้** 삐-니-	**ปีหน้า** 삐-나-	**อีกสองปี** 이-ㄱ써-ㅇ삐-

지난주	금주	다음주
อาทิตย์ที่แล้ว 아- 팃 티- 래-우	**อาทิตย์นี้** 아- 팃 니-	**อาทิตย์หน้า** 아- 팃 나-
지난달	**이달**	**다음달**
เดือนที่แล้ว 드-안 티- 래-우	**เดือนนี้** 드-안 니-	**เดือนหน้า** 드-안 나-

※ **อาทิตย์** [아-팃] [주, 일주일] 대신 **สัปดาห์** [쌉다-]를 사용해도 된다.

เวลา (시간)

외– 라–

A ตอนนี้กี่โมงครับ
떠–ㄴ 니–끼–모–ㅇ 크랍

B บ่ายสองโมงยี่สิบนาทีค่ะ
바–이 써–ㅇ 모–ㅇ yi– 씹 나– 티– 카

A คุณทานข้าวกี่โมงครับ
쿤 타–ㄴ 카–우 끼– 모–ㅇ 크랍

B เจ็ดโมงเช้าค่ะ
쩻 모–ㅇ 차오 카

A พรุ่งนี้ไปห้องสมุดด้วยกันดีไหมครับ
프룽 니–빠이 허–ㅇ 싸뭇 두–어이 깐 디– 마이 크랍

B ดีค่ะ ไปเมื่อไรดีคะ
디– 카 빠이 므–아 라이디– 카

A หกโมงครึ่งตอนเช้า
혹 모–ㅇ 크릉 떠–ㄴ 차오

B ดีค่ะ
디– 카

어구정리

เวลา [외–라–] 시, 시간, 동안, 때, 시간 | **บ่าย** [바–이] 오후 | **ห้องสมุด** [허–ㅇ싸뭇] 도서관 | **เช้า** [차오] 아침 | **ดี** [디–] 좋다, OK

A 지금 몇 시입니까?

B 오후 2시 20분입니다.

A 당신은 몇 시에 식사하십니까?

B 아침 7시입니다.

A 내일 함께 도서관에 가는 것이 어떨까요?

B 좋습니다. 언제 가는 것이 좋을까요?

A 아침 6시 30분입니다.

B 좋습니다.

밑줄친 단어를 사용하여 예와 같은 방법으로 문장을 바꾸어 보자.

1

วันนี้วันที่เท่าไรครับ ➡ <u>วันที่ 15</u> ค่ะ

완 니-완 티-타오라이 크랍 / 완 티-씹하-카

① วันที่ 2
완티-써-ㅇ

② วันที่ 8
완티-빼-ㅅ

③ วันที่ 27
완티-yi-씹쩻

2

วันนี้วันอะไรครับ ➡ วันนี้<u>วันอังคาร</u>ค่ะ

완 니-완 아 라이 크랍 / 완 니- 완 앙 카-ㄴ 카

① วันเสาร์
완 싸오

② วันอาทิตย์
완 아- 팃

③ วันศุกร์
완 쑥

3

นั่นเท่าไรครับ ➡ <u>260 บาท</u>ค่ะ

난 타오 라이 크랍 / 써-ㅇ러-이혹씹바-ㅅ카

① 725 บาท

② 1,600 บาท

③ 3,450 บาท

해석 및 어구정리

1 오늘은 며칠입니까? → 15일입니다.

2 오늘은 무슨 요일입니까? → 오늘은 화요일입니다.

3 그것은 얼마입니까? → 260바트입니다.

01 시간 · 때의 표현

태국어에서 시간을 말할 때는 시간에 따라 사용하는 말이 다르다.

ตี 띠-	(새벽)	**ตีหนึ่ง** 띠- 능	새벽 1시
		ตีสอง 띠-써-ㅇ	새벽 2시
		↕	
		ตีห้า 띠-하-	새벽 5시
เช้า 차오	(아침)	**หกโมงเช้า** 혹 모-ㅇ 차오	아침 6시
		เจ็ดโมงเช้า 쩻 모-ㅇ 차오	아침 7시
		↕	
		สิบเอ็ดโมงเช้า 씹 엣 모-ㅇ 차오	아침 11시
เที่ยง(วัน) 티-양 완	(정오)		
บ่าย 바-이	(오후)	**บ่าย(หนึ่ง)โมง** 바이 (능) 모-ㅇ	오후 1시
		↕	
		บ่ายสามโมง 바-이싸-ㅁ모-ㅇ	오후 3시
เย็น 옌	(저녁)	**สี่โมงเย็น** 씨-모-ㅇ옌	저녁 4시
		ห้าโมงเย็น 하- 모-ㅇ 옌	저녁 5시
ทุ่ม 툼	(밤)	**หนึ่งทุ่ม** 능 툼	밤 7시
		สองทุ่ม 써-ㅇ 툼	밤 8시
		↕	
		ห้าทุ่ม 하- 툼	밤 11시
เที่ยงคืน 티-양크-ㄴ	(자정)		

아침 7시를 **หนึ่งโมงเช้า** [능모-ㅇ차오], 아침 8시를 **สองโมงเช้า** [써-ㅇ모-ㅇ차오] …아침 11시를 **ห้าโมงเช้า** [하-모-ㅇ차오]라고 하는 경우도 있다. **โมง** [모-ㅇ]은 「시(時)」, **นาที** [나-티-]는 「분(分)」 그리고 **วินาที** [위나-티-]는 「초(初)」의 의미이다. 30분은 **ครึ่ง** [크릉] 「반」을 사용한다.

เจ็ดโมงสี่สิบห้านาที 07:45
쩻 모-ㅇ 씨- 씹 하-나-티-

หนึ่งทุ่มห้านาที 19:05
능 툼 하- 나- 티-

บ่ายโมงยี่สิบห้านาที 13:25
바-이모- ㅇyi- 씹하-나-티-

ตีห้าครึ่ง 05:30
띠-하- 크릉

시간(時間)은 **ชั่วโมง** [추-어 모-ㅇ]을 쓴다.

หนึ่งชั่วโมง 한 시간
능 추-어모-ㅇ

สามชั่วโมง 세 시간
싸-ㅁ추-어모-ㅇ

วันนี้ผมเรียนหกชั่วโมง 오늘 나는 여섯 시간 공부한다.
완 니-폼 리-얀 혹추-어모-ㅇ

02 문장 끝에 쓰여 의사를 묻는 의문문

상대방의 의사를 묻거나 본인의 뜻을 제안하는 의문형으로 문장 끝에는 「**ดีไหม**」 [디-마이] 「좋습니까?」 혹은 「**เป็นอย่างไร**」 [뻰야-ㅇ라이] 「어떻습니까?」를 쓸 수 있다.

กินข้าวด้วยกันดีไหม 함께 밥 먹는 것이 어때?
낀 카-우두-어이깐 디- 마이

พรุ่งนี้ไปเที่ยวสวนสัตว์ดีไหม 내일 동물원에 놀러 가는 것이 어때?
프룽 니-빠이티-야우쑤-언 쌋 디-마이

ไปดูหนังเป็นอย่างไร 영화 보러 가는 것이 어떻겠니?
빠이 두- 낭 뻰 야-ㅇ 라이

ไปเที่ยว 놀러가다
สวน 정원, 공원
สัตว์ 동물, 짐승
สวนสัตว์ 동물원

1 **아래 한국어를 태국어로 작문하시오.**

① 오늘은 무슨 요일입니까?

② 오늘은 며칠입니까?

③ 오늘은 일요일입니다.

④ 오늘은 2014년 3월 25일입니다.

⑤ 태국에는 몇 계절이 있습니까?

⑥ 태국에는 3계절 즉 여름, 우기 그리고 겨울이 있습니다.

⑦ 지금 몇 시입니까?

⑧ 오후 2시 35분입니다.

⑨ 이것은 얼마입니까?

⑩ 그는 몇 학년입니까?

⑪ 내일 함께 학교에 가는 것이 어때?

알아둡시다

형용사 비교

ใหญ่ [야이] 크다 ↔ **เล็ก** [렉] 작다

ยาว [야-우] 길다 ↔ **สั้น** [싼] 짧다

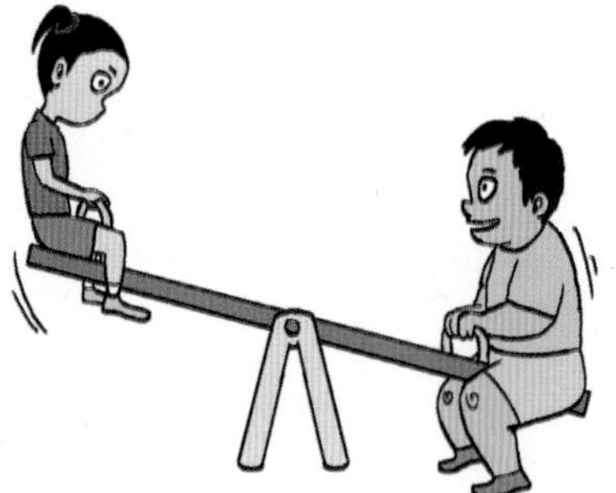

เบา [바오] 가볍다 ↔ **หนัก** [낙] 무겁다

กว้าง [꽈-ㅇ] 넓다 ↔ **แคบ** [캐-ㅂ] 좁다

หนา [나-] 두껍다 ↔ **บาง** [바-ㅇ] 얇다

กลม [끄롬] 둥글다 ↔ **แหลม** [래-ㅁ] 뾰족하다

Part 07

คุณพ่อให้เงินผม

아버지는 나에게 돈을 주십니다.

동사 술어문 3, 4

술어인 하나의 동사가 두 개의 목적어를 갖거나, 목적어와 목적 보어를 취하는 형태의 문형이다.

핵심포인트

쿤 퍼^- 하^이 응어̄-ㄴ 폼̌

คุณพ่อ ให้ เงิน ผม

① ④ ③ ②

아버지는 나에게 돈을 주십니다.

① ② ③ ④

라̄오 리^-약 카̌오 와^- 아-

เราเรียกเขาว่าอา

① ⑤ ② ④ ③

우리는 그를 아저씨라고 부른다.

① ② ③ ④ ⑤

크라이 써-ㄴ 파- 싸- 타이 쿤 크랍

A **ใครสอนภาษาไทยคุณครับ** 누가 당신에게 태국어를 가르치십니까?

① ④ ③ ② ⑤ / ① ② ③ ④ ⑤

아-짜-ㄴ 악 카라- 써-ㄴ 파- 싸- 타이

B **อาจารย์อัคราสอนภาษาไทย** 악카라 선생님께서 저에게 태국어를

② ① ⑤ ④ / ① ② ③ ④

디 찬 카

ดิฉันค่ะ 가르치십니다.

③ / ⑤

커- yum 쓰-아 뚜-어 니- 너-이

A **ขอยืมเสื้อตัวนี้หน่อย** 이 옷을 좀 빌려 주십시오.

⑤ ④ ② ① ③ / ① ② ③ ④ ⑤

다이 카

B **ได้ค่ะ** 좋습니다. (가능합니다.)

① / ①

어구정리

ให้ [하이] 주다 | **เงิน** [응어-ㄴ] 돈 | **เรียก** [리-약] 부르다 | **ว่า** [와-] …라고, …인지 | **อา** [아-] 아저씨, 아버지의 동생(숙부, 고모) | **ใคร** [크라이] 누구, 누가 | **สอน** [써-ㄴ] 가르치다 | **ภาษา** 파-싸-] 언어 | **ไทย** [타이] 태국 | **ยืม** [yum] 빌리다 | **กระดาษ** [끄라 다-ㅅ] 종이

니̂ 파̄- 싸̌- 타̄이 리̂-약 와̂- 아̀ 라̄이 크랍́

A นี่ภาษาไทยเรียกว่าอะไรครับ 이것은 태국어로 무엇이라고 부릅니까?

① ② ⑤ ④ ③ ⑥ ① ② ③ ④ ⑤ ⑥

끄라̀ 다̀-ㅅ 카̂

B กระดาษค่ะ 종이입니다.

① ①

01 동사 술어문 3

태국어의 동사 술어문의 세 번째 형태로, 술어인 동사가 두 개의 목적어를 갖는 문형이다. 이러한 문형은 일반적으로 사물을 가리키는 직접목적어가 앞에 놓이고 사람을 가리키는 간접목적어가 뒤에 놓인다.

주어 + 동사 + 직접목적어 + 간접목적어　~가(이) ~에게 ~을(를) ~하다

เขาให้ดอกไม้ผม
카오 하이더-ㄱ마이폼

그는 나에게 꽃을 준다.

อาจารย์ ลีสอนภาษาไทยเรา
아- 짜-ㄴ 리- 써-ㄴ 파- 싸- 타이 라오

이 교수님이 우리에게 태국어를 가르치신다.

ดอกไม้ 꽃

02 동사 술어문 4

태국어 동사 술어문의 네 번째 형태로, 목적어와 목적 보어를 취한 형식이다. 이 때의 목적보어는 「**ว่า** [와-]」「~라고, ~인지」 혹은 「**เป็น** [뻰]」「~으로」 등의 전치사를 수반한다.

เราเลือกเขาเป็นหัวหน้า
라오 르-악 카오 뻰 후-어 나-

우리는 그를 대표로 뽑는다.

คำนี้อ่านเป็นภาษาไทยว่า ประเทศไทย
캄 니- 아-ㄴ 뻰 파- 싸- 타이 와- 쁘라 테-ㅅ 타이

이 말은 태국어로 "쁘라텟타이"라고 읽는다.

เลือก 뽑다, 선택하다
หัวหน้า 대표 우두머리, 장(長)
คำ 말, 어휘

03 ขอ [커ˇ-] … หน่อย [너ˋ-이]

ขอ는 남에게 뭔가를 부탁 혹은 요청할 때 사용하는 조동사로 문장 앞에 위치한다. **หน่อย**는 「조금, 약간, 한 번, 한 차례, 좀」의 뜻으로 **ขอ**와 함께 사용하여 「~좀 주세요, ~좀 요구(부탁)합니다」의 의미를 나타낸다.

ขอน้ำหน่อย
커ˇ- 남ˊ 너ˋ-이
물 좀 주세요.

ขอถามหน่อย
커ˇ- 타ˇ-ㅁ 너ˋ-이
좀 물어볼게요.

น้ำ 물
ถาม 묻다

피사눌록의 어느 사원

การถามอายุ (나이 묻기)

까-ㄴ 타-ㅁ 아- 유

A คุณชื่ออะไรครับ

쿤 츠- 아 라이 크랍

B ดิฉันชื่ออัมพรค่ะ

디 찬 츠- 암 퍼-ㄴ 카

A นามสกุลอะไรครับ

나-ㅁ 싸 꾼 아 라이 크랍

B ธารทองค่ะ

타-ㄴ 터-ㅇ 카

A ปีนี้คุณอายุเท่าไรครับ

삐-니- 쿤 아- 유 타오 라이 크랍

B 32 ปีค่ะ

싸-ㅁ씹써-ㅇ삐-카

A คุณเกิดปีไหนครับ

쿤 끄-ㅅ 삐- 나이 크랍

B ดิฉันเกิดปี 1983 ค่ะ

디 찬 끄-ㅅ 삐-능까오빼-ㅅ싸-ㅁ카

어구정리

อายุ [아-유] 나이, 연세, 연령 | **ปี** [삐-] 해, 년(年), 살, 세 | **ปีนี้** [삐-니-] 올해, 금년 | **เกิด** [끄-ㅅ] 태어나다, 출생하다, 발생하다, 일어나다

A 당신의 이름은 무엇입니까?

B 저의 이름은 암펀입니다.

A 성은 무엇입니까?

B 탄텅입니다.

A 올해 당신은 몇 살입니까?

B 32세입니다.

A 당신 어느 해에 태어나셨습니까?

B 1983년에 태어났습니다.

포인트

01 나이 묻는 법

나이를 물을 때는 보통 다음의 두 가지 형태가 있다.

① **คุณอายุเท่าไร** 당신은 몇 살입니까?
쿤 아-유 타오 라이

② **คุณอายุกี่ปี** 당신은 몇 살입니까?
쿤 아-유 끼-삐-

①의 경우는 「나이가 얼마가 되었는가?」 ②의 경우는 「나이가 몇 살인가?」의 표현으로 ①의 경우가 정중한 표현이며, ②의 경우는 친구나 동년배, 아랫사람에게 사용한다. 아이들의 나이가 10세 이하인 경우에는 **ปี** [삐-] 대신에 **ขวบ** [쿠-업]을 사용한다.

① **ลูกอายุกี่ขวบ** 얘야! 몇 살이니?
루-ㄱ아-유끼-쿠-업

② **6 ขวบค่ะ** 여섯 살입니다.
혹 쿠-업 카

1 **아래 한국어를 태국어로 작문하시오.**

① 어머니는 나에게 꽃을 주신다.

____

② 그것은 태국어로 뭐라고 부릅니까?

____

③ 우리는 그를 과대표로 선출한다.

____

④ 그 책 좀 주세요.

____

⑤ 당신의 이름은 무엇입니까?

____

⑥ 저의 이름은 ○○○입니다.

____

⑦ 올해 당신의 나이는 몇입니까?

____

⑧ 29세입니다.

____

⑨ 당신은 어느 해에 태어났습니까?

____

⑩ 1982년에 태어났습니다.

____

알아둡시다

ร่างกาย (신체)

라-ㅇ 까-이

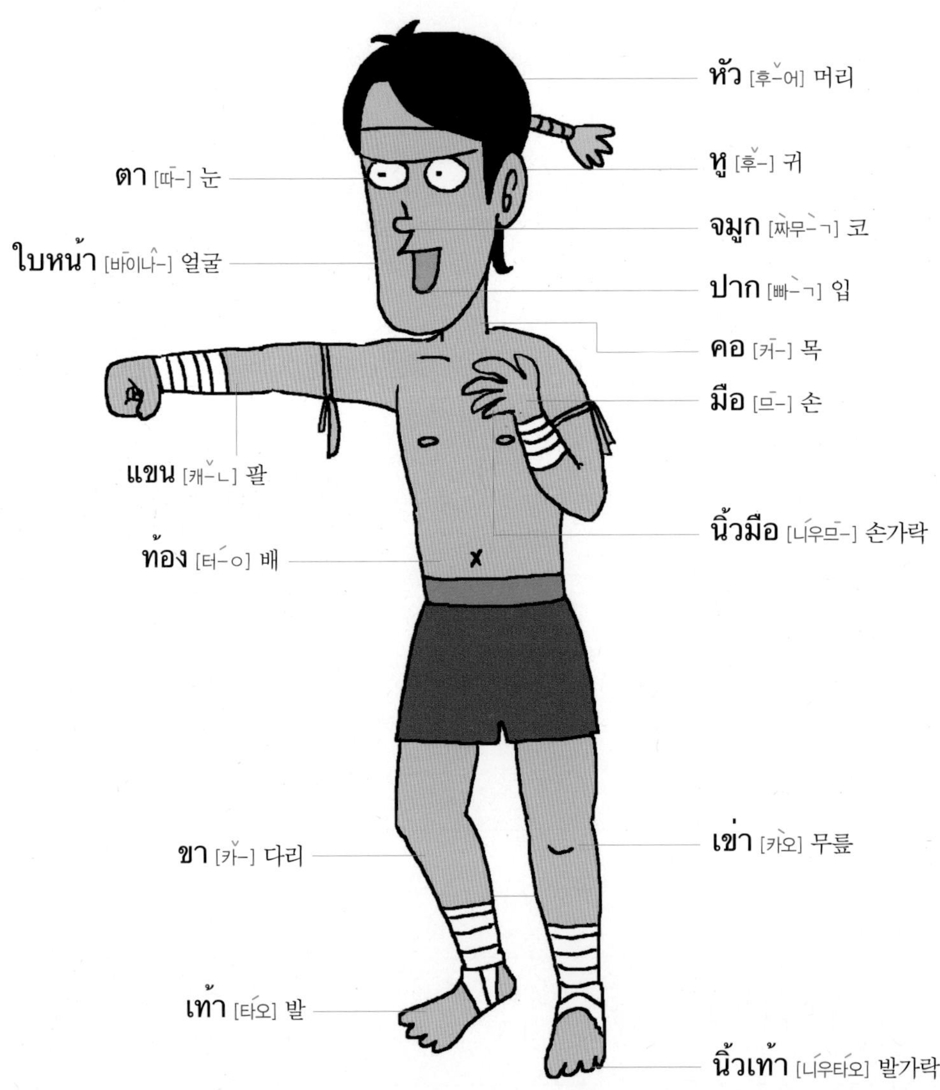

Photo by Wutthichai / Shutterstock.com

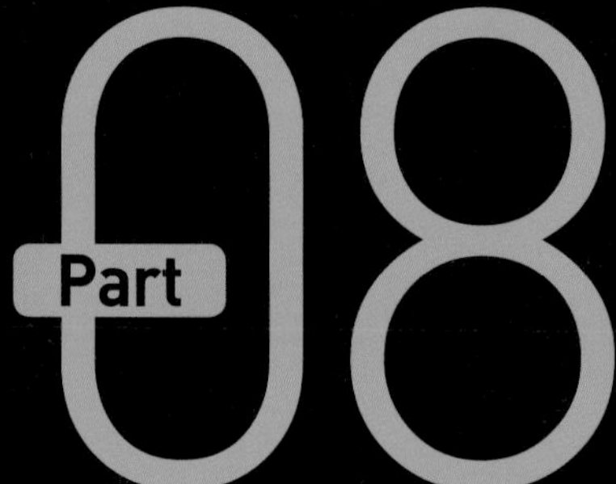

ผู้หญิงคนนั้นเป็นนักร้อง

저 여자는 가수이다.

복합명사

태국어의 명사는 어형 변화 대신에 복합어에 의해 파생어를 만든다. 따라서 태국어에는 보통명사에 명사, 동사, 형용사를 붙여 이루어진 복합명사가 많다.

핵심포인트

푸-잉 콘 난 뻰 낙 러-ㅇ
ผู้หญิงคนนั้น เป็น นักร้อง 저 여자는 가수이다.
② ① ④ ③ / ① ② ③ ④

매-남 니- 크- 매-남 짜오 프라 야-
แม่น้ำนี้ คือ แม่น้ำเจ้าพระยา 이 강은 「짜오프라야」 강이다.
② ① ⑤ ④ ③ / ① ② ③ ④ ⑤

쿤 퍼- 커-ㅇ 폼 뻰 차-ㅇ 땃 폼
คุณพ่อของผม เป็นช่างตัดผม 나의 아버지는 이발사이시다.
③ ② ① ⑤ ④ / ① ② ③ ④ ⑤

허-ㅇ 난 뻰 허-ㅇ 랍 캐-ㄱ
ห้องนั้น เป็น ห้องรับแขก 저 방은 응접실이다.
② ① ④ ③ / ① ② ③ ④

기본 회화

쿤 뻰 콘 타이 차이 마이 크랍

A **คุณเป็นคนไทยใช่ไหมครับ** 당신은 태국인이지요?

① ④ ③ ② ⑤ ① ② ③ ④ ⑤

마이 차이 카

B **ไม่ใช่ค่ะ** 아닙니다.

① ①

디 찬 뻰 콘 까오 리- 카

ดิฉันเป็นคนเกาหลีค่ะ 저는 한국인이에요.

① ④ ③ ② ① ② ③ ④

니- 크- 티- 나이 크랍

A **นี่คือที่ไหนครับ** 이 곳은 어디입니까?

① ③ ② ① ② ③

티-니-크- 로-ㅇ 응아-ㄴ 팔릿 롯 욘 카

B **ที่นี่คือโรงงานผลิตรถยนต์ค่ะ** 이 곳은 자동차 생산공장입니다.

① ⑤ ④ ③ ② ① ② ③ ④ ⑤

어구정리

นัก [낙] 전문 직업인 | **ร้อง** [러-ㅇ] 부르다 | **แม่น้ำ** [매-남] 강 | **ช่าง** [차-ㅇ] 기술자 | **ตัด** [땃] 자르다, 깎다 | **ผม** [폼] 머리카락, 나, 저(1인칭대명사) | **รับ** [랍] 받다 | **แขก** [캐-ㄱ] 손님 | **โรง** [로-ㅇ] 건물 | **งาน** [응아-ㄴ] 일, 사업 | **โรงงาน** [로-ㅇ 응아-ㄴ] 공장 | **ผลิต** [팔릿] 생산하다 | **รถยนต์** [롯욘] 자동차 | **ร้าน** [라-ㄴ] 가게 | **ขาย** [카-이] 팔다 | **ยา** [야-] 약

라́ㄴ 니́- 라́ㄴ 아̀ 라̄이 크́랍
A ร้านนี้ร้านอะไรครับ
② ① ④ ③

이 가게는 무슨 가게입니까?
① ② ③ ④

라́ㄴ 카̌-이 야̄- 카̂
B ร้านขายยาค่ะ
①

약국입니다.
①

태국어의 명사는 어형 변화 대신에 복합어에 의해 파생어를 만든다. 따라서 태국어에는 보통명사에 다른 명사, 동사, 형용사를 붙여 이루어진 복합명사가 많다.

태국어	발음	뜻	태국어	발음	뜻
แม่น้ำ	매-남	강	**อาหารไทย**	아-하-ㄴ 타이	태국 음식
หนังสือพิมพ์	낭 쓰- 핌	신문	**ฤดูร้อน**	르두-러-ㄴ	여름
น้ำแข็ง	남 캥	얼음	**ทหารอากาศ**	타하-ㄴ아-까-ㅅ	공군

น้ำ 물
อาหาร 음식
พิมพ์ 인쇄하다, 치다
ฤดู 계절
แข็ง 딱딱하다, 튼튼하다
ทหาร 군인
อากาศ 공중, 날씨, 기후, 공기

01 사람의 직업이나 신분에 관한 복합명사

1. 사람 **คน** [콘]

태국어	발음	뜻	태국어	발음	뜻
คนไทย	콘 타이	태국 사람	**คนขับรถ**	콘 캅 롯	운전사

2. 사람, 자(者) **ผู้** [푸-]

태국어	발음	뜻	태국어	발음	뜻
ผู้ใหญ่	푸-야이	어른	**ผู้ช่วย**	푸-추-어이	보조자, 보좌관

3. 기술직업인 **ช่าง** [차-ㅇ]

태국어	발음	뜻	태국어	발음	뜻
ช่างไม้	차-ㅇ마이	목수	**ช่างตัดผม**	차-ㅇ 땃 폼	이발사

4. 민족, 주민 **ชาว** [차-우]

태국어	발음	뜻	태국어	발음	뜻
ชาวนา	차-우나-	농민	**ชาวเกาหลี**	차-우 까오리-	한국인

5. 전문가, 기술가 **นัก** [낙]

태국어	발음	뜻	태국어	발음	뜻
นักศึกษา	낙 쓱 싸-	대학생	**นักร้อง**	낙 러-ㅇ	가수
นักกีฬา	낙 끼-라-	운동선수	**นักบิน**	낙 빈	조종사, 비행사

6. 사람의 성격과 습관을 나타낼 때 **ขี้** [키-]

คนขี้เกียจ 콘 키- 끼-얏	게으름뱅이	**คนขี้เหล้า** 콘 키- 라오	술고래, 술꾼, 주당
ขี้โกง 키-꽁-ㅇ	거짓말쟁이, 사기꾼		

02 기구, 물건, 건물에 관한 복합명사

1. 도구, 기계류 **เครื่อง** [크르-앙]

เครื่องบิน 크르-앙 빈	비행기	**เครื่องดับเพลิง** 크르-앙 답 프러-ㅇ	소화기
เครื่องมือ 크르-앙 므-	도구, 기구	**เครื่องสูบน้ำ** 크르-앙 쑤-ㅂ남	양수기

2. 건물, 시설 **โรง** [로-ㅇ]

โรงเรียน 로-ㅇ리-얀	학교	**โรงงาน** 로-ㅇ응아-ㄴ	공장
โรงเก็บ 로-ㅇ 껩	창고	**โรงรถ** 로-ㅇ롯	차고

3. 나무 **ไม้** [마이]

ไม้กอล์ฟ 마이 꺼-ㅂ	골프채	**ไม้ยาง** 마이야-ㅇ	고무나무
ไม้กวาด 마이 꽈-ㅅ	비(빗자루)	**ไม้แขวนเสื้อ** 마이 쾌-ㄴ쓰-아	옷걸이

4. 돈 **เงิน** [응어-ㅇ]

เงินสด 응어-ㄴ쏫	현금	**เงินเดือน** 응어-ㄴ드-안	월급
เงินมัดจำ 응어-ㄴ맛짬	계약금	**เงินทอน** 응어-ㄴ터-ㄴ	거스름돈

5. 차 รถ [롯]

รถไฟ 롯 화이	기차	**รถบรรทุก** 롯 반 툭	트럭
รถไฟใต้ดิน 롯 화이 따이 딘	지하철	**รถนอน** 롯 너-ㄴ	침대차

6. 방 ห้อง [허-ㅇ]

ห้องนอน 허-ㅇ 너-ㄴ	침실	**ห้องสมุด** 허-ㅇ 싸뭇	도서관
ห้องครัว 허-ㅇ크루-어	부엌	**ห้องใต้ดิน** 허-ㅇ 따이 딘	지하실

7. 물품 ของ [커-ㅇ]

ของเล่น 커-ㅇ레-ㄴ	장난감	**ของใช้** 커-ㅇ차이	용구, 용품
ของมีค่า 커-ㅇ미-카-	귀중품	**ของแท้** 커-ㅇ태-	진품
ของกิน 커-ㅇ 낀	먹을 것		

8. 가게, 점포 ร้าน [라-ㄴ]

ร้านขายยา 라-ㄴ카-이야-	약국	**ร้านขายหนังสือ** 라-ㄴ 카-이 낭 쓰-	서점
ร้านซักรีด 라-ㄴ싹 리-ㅅ	세탁소	**ร้านเครื่องสำอาง** 라-ㄴ 크르-앙 쌈아-ㅇ	화장품 가게

9. 장소 ที่ [티-]

ที่นอน 티-너-ㄴ	잠자리	**ที่นั่ง** 티-낭	자리, 좌석
ที่ดิน 티-딘	토지, 땅	**ที่พัก** 티-팍	휴게소, 쉬는 곳

10. 액체 น้ำ [남́]

น้ำพริก 남́ 프́릭	고추장	น้ำตก 남́ 똑̀	폭포
น้ำตา 남́ 따̄-	눈물	น้ำเค็ม 남́ 켐	해수, 짠물

11. 비용 ค่า [카̂-]

ค่าจ้าง 카̂-짜̂-ㅇ	임금	ค่าเสียหาย 카̂- 씨̌-아하̌-이	손해액, 보상금
ค่ารถ 카̂- 롯́	차비	ค่าเดินทาง 카̂-드̄-ㄴ타̄-ㅇ	여비

왓 프라마하탓

โรงแรม (호텔)

로-ㅇ 래-ㅁ

A ขอโทษ มีห้องว่างไหมครับ

커-토-ㅅ 미- 허-ㅇ 와-ㅇ 마이 크랍

B มีค่ะ คุณจองห้องไว้หรือยังคะ

미-카 쿤 쩌-ㅇ 허-ㅇ 와이르- 양 카

A ยังไม่ได้จองครับ

양 마이 다이 쩌-ㅇ 크랍

B คุณต้องการห้องเตียงเดี่ยวหรือเตียงคู่คะ

쿤 떠-ㅇ 까-ㄴ 허-ㅇ 띠-양 디-야우 르- 띠-양 쿠- 카

A ขอห้องเตียงเดี่ยวครับ ค่าที่พักคืนละเท่าไรครับ

커- 허-ㅇ 띠-양 디-야우 크랍 카- 티-팍 크-ㄴ 라 타오 라이 크랍

B คืนละเก้าร้อยบาทค่ะ รวมค่าอาหารเช้าด้วยแล้วค่ะ

크-ㄴ 라 까오 러-이 바-ㅅ 카 루-엄 카- 아- 하-ㄴ 차오 두-어이 래-우 카

A ผมจะพักสองคืนแล้วเช็คเอ๊าท์ตอนเช้ามะรืนนี้

폼 짜 팍 써-ㅇ 크-ㄴ 래-우 첵 아오 떠-ㄴ 차오 마 르-ㄴ니-

B กรุณากรอกในแบบฟอร์มนี้ด้วยค่ะ

까 루 나- 끄러-ㄱ 나이 배-ㅂ 훠-ㅁ 니- 두-어이 카

ห้องคุณอยู่ชั้นสาม หมายเลขสามศูนย์เจ็ดค่ะ

허-ㅇ 쿤 유- 찬 싸-ㅁ 마-이 레-ㄱ 싸-ㅁ 쑤-ㄴ 쩻 카

A 실례지만, 빈 방 있습니까?

B 있습니다. 당신은 방을 예약하셨습니까?

A 아직 예약하지 않았습니다.

B 싱글룸을 원하십니까? 트윈룸을 원하십니까?

A 싱글룸을 주세요. 하루 묵는 데 얼마입니까?

B 하루밤에 900바트입니다. 조식 포함해서요.

A 저는 2일 간 머물고 모레 아침에 체크아웃하겠습니다.

B 이 서식에 기입하세요.

손님의 방은 3층 307호입니다.

어구정리

โรงแรม [로-ㅇ래-ㅁ] 호텔 | **ว่าง** [와-ㅇ] 비다, 한가하다 | **จอง** [쩌-ㅇ] 예약하다 | **ไว้** [와이] …해 두다 | **เดี่ยว** [디-야우] 하나의 | **คู่** [쿠-] 짝, 쌍 | **พัก** [팍] 쉬다, 휴식하다, 머물다 | **คืน** [크-ㄴ] 밤, 밤중 | **ละ** [라] …당, …마다 | **รวม** [루-엄] 합하다, 포함하다 | **ค่า** [카-] 값, 가격 | **เช็คเอ๊าท์** [첵아오] 체크아웃(check out) | **มะรืนนี้** [마르-ㄴ니-] 모레 | **กรอก** [끄러-ㄱ] 기입하다, 쓰다 | **แบบฟอร์ม** [배-ㅂ훠-ㅁ] 서식 | **ชั้น** [찬] 층, 등급, 학번 | **หมายเลข** [마-이레-ㄱ] 번호 | **เตียง** [띠-양] 침대

포인트

01 ว่าง [와^-ㅇ]

ว่าง은 「한가하다, 비다」 외에 「시간 있다」라는 의미로도 쓰인다. 태국어로 「시간이 있습니까?」라는 표현은 다음과 같다.

เย็นนี้ว่างไหม 옌 니´- 와^-ㅇ 마ˇ이	오늘 저녁 시간 있습니까?	**เย็นนี้** 오늘 저녁
ว่าง/ไม่ว่าง 와^-ㅇ / 마^이와^-ㅇ	있습니다. / 없습니다.	
บ่ายพรุ่งนี้มีเวลาว่างไหม 바`이 프^룽니´-미-외-라-와^-ㅇ마ˇ이	내일 오후 시간 있습니까?	
ขอเวลาผมสักครู่ 커ˇ-외-라- 폼ˇ 싹` 크^루-	저에게 잠시 시간을 주십시오.	

Photo by kawinnings / Shutterstock.com

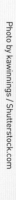

바이욕타워에서 본 야경

1 다음 빈칸에 알맞는 명사를 넣으시오.

① ____________	เกาหลี	한국 사람
② ____________	งาน	공장
③ ____________	ใหญ่	어른
④ ____________	ศึกษา	학생
⑤ ____________	ตัดผม	이발사
⑥ ____________	จีน	중국인
⑦ ____________	เกียจ	게으름뱅이
⑧ ____________	เดือน	월급
⑨ ____________	ไฟ	기차
⑩ ____________	บิน	비행기

2 아래 한국어를 태국어로 작문하시오.

① 그 방은 응접실이다.

____

② 그는 한국인이 아니다.

____

③ 당신은 얼마나 머무르실 예정입니까?

____

④ 내일 시간 있습니까?

____

⑤ 시간 있어요(한가해요)

____

알아둡시다

จราจร (교통)

짜 라– 쩌–ㄴ

รถไฟฟ้า [롯화이화–] 전철

รถตุ๊ก ๆ(สามล้อ) [롯뚝뚝(싸–ㅁ러–)] 삼륜택시

ถนน [타논] 도로

เรือ [르–아] 배

รถจักรยาน [롯짝끄라야–ㄴ] 자전거

แท็กซี่ [택씨–] 택시

รถบรรทุก [롯반툭] 트럭

รถไฟ [롯화이] 기차

รถจักรยานยนต์ [롯짝끄라야–ㄴ욘] 오토바이

รถเมล์ [롯메–] 버스

เครื่องบิน [크르–앙빈] 비행기

รถไฟใต้ดิน [롯화이따이딘] 지하철

Part 09 เธอเป็นคนดี

그녀는 좋은 사람이다.

수식어문

명사, 형용사, 동사 등을 수식하는 각종 구문을 말한다.

핵심포인트

터- 뻰 콘 디-
เธอ เป็น คน ดี
① ④ ③ ②

그녀는 좋은 사람이다.
① ② ③ ④

더-ㄱ 마이니- 쑤-어이마-ㄱ
ดอกไม้นี้ สวย มาก
② ① ④ ③

이 꽃은 매우 아름답다.
① ② ③ ④

마- 레우 레우
มา เร็ว ๆ
③ ① ②

빨리 빨리 와라!
① ② ③

떠-ㄴ 차오 쿤 빠-이 탐 응아-ㄴ 끼- 모-ㅇ

A ตอนเช้าคุณไปทำงานกี่โมง
② ① ⑦ ⑥ ⑤ ③ ④

크랍

ครับ
⑧

당신은 아침 몇 시에 일하러 가십니까?
① ② ③ ④ ⑤ ⑥ ⑦ ⑧

디 찬 빠-이 탐 응아-ㄴ 쩻 모-ㅇ 크릉 카

B ดิฉันไปทำงานเจ็ดโมงครึ่งค่ะ
① ⑦ ⑥ ⑤ ② ③ ④

저는 7시 반에 일하러 갑니다.
① ②③ ④ ⑤ ⑥ ⑦

쿤 리-얀 파- 싸- 타이 완 라

A คุณเรียนภาษาไทยวันละ
① ⑦ ④ ③ ②

끼- 추-어 모-ㅇ 크랍

กี่ชั่วโมงครับ
⑤ ⑥ ⑧

당신은 하루에 태국어를 몇 시간 배웁니까?
① ② ③ ④ ⑤ ⑥ ⑦ ⑧

새로운 낱말

ดี [디-] 좋다, 착하다, 선하다 | **เร็ว** [레우] 빠르다 | **ตอน** [떠-ㄴ] 때 | **เช้า** [차오] 아침 | **ครึ่ง** [크릉] 반, ½ | **ชั่วโมง** [추-어모-ㅇ] 시간 | **ขยัน** [카얀] 부지런하다, 열심이다 | **ชม** [촘] 칭찬하다, 관람하다, 보다

디 찬 리-얀 파-싸- 타이 완 라
B **ดิฉันเรียนภาษาไทยวันละ**
① ⑦ ④ ③ ②

저는 하루에 태국어를
① ② ③ ④

씨- 추-어모-ㅇ 카
สี่ชั่วโมงค่ะ
⑤ ⑥

네 시간 배웁니다.
⑤ ⑥ ⑦

쿤 카 얀 마-ㄱ 크랍
A **คุณขยันมากครับ**
① ③ ②

당신은 매우 열심이군요.
① ② ③

커-ㅂ 쿤 마-ㄱ 티- 촘 디 찬 카
B **ขอบคุณมากที่ชมดิฉันค่ะ**
④ ③ ② ①

저를 칭찬해 주셔서 매우 감사합니다.
① ② ③ ④

01 명사 수식어 : 명사 + 수식어

1. 수식어가 단음절 형용사인 경우

คนดี 콘 디-	좋은(선한) 사람
หนังสือใหม่ 낭 쓰- 마이	새 책
ดอกไม้สวย 더-ㄱ마이쑤-어이	예쁜 꽃

2. 수식어가 수량사, 지시형용사인 경우

เพลงนี้ 프레-ㅇ 니-	이 노래
นักร้องคนนั้น 낙 러-ㅇ 콘 난	그 가수
บ้านสองหลัง 바-ㄴ 써-ㅇ 랑	집 두 채

เพลง 노래
นักร้อง 가수

3. 복합명사인 경우

คนเกาหลี 콘 까오 리-	한국인
อาหารไทย 아- 하-ㄴ 타이	태국 음식
ภาษาอังกฤษ 파- 싸- 앙 끄릿	영어

4. 인칭 대명사인 경우

บ้านผม 바-ㄴ 폼	나의 집
เพื่อนของคุณ 프-안 커-ㅇ 쿤	당신의 친구

※ 이 경우 소유격 **ของ**은 생략해도 무방하다.

02 형용사 수식어 : 형용사 + 수식어

사물의 상태나 정도 등을 나타내는 형용사 다음에 수식어가 위치하는 문형으로, 수식어로 사용되는 것은 대부분 부사이다.

อาหาร(ไทย)นี้อร่อยมาก 이(태국) 음식은 매우 맛있다.
아-하-ㄴ 타이니- 아 러-이 마-ㄱ

ตึกนั้นสูงมากทีเดียว 그 건물은 굉장히 높다
뜩 난 쑤-ㅇ마-ㄱ티-디-야우

สูง 높다, 키가 크다
ทีเดียว 굉장히, 매우

03 동사 수식어 : 동사 + 수식어

동사 다음에 수식어가 위치하는 문형으로, 수식어로 사용되는 것으로는 형용사, 부사, 전치사 등이 있다.

ไปเร็ว ๆ 빨리 빨리 가자!
빠이레우레우

นักศึกษาไปด้วยกัน 학생들은 함께 간다.
낙 쓱 싸- 빠이 두-어이 깐

เขามาจากประเทศเกาหลี 그는 한국에서 왔다.
카오 마- 짜-ㄱ 쁘라테-ㅅ 까오리-

ด้วยกัน 함께
จาก ~서 부터(장소)

ไปซื้อของ (쇼핑가기 1)

빠이 쓰- 커-ㅇ

A คุณต้องการอะไรคะ

쿤 떠-ㅇ 까-ㄴ 아 라이 카

B อยากจะซื้อตุ๊กตาน่ารัก ๆ

야-ㄱ 짜 쓰- 뚝 까 따- 나-락 나-락

A อันนี้เป็นอย่างไรคะ

안 니- 뻰 야-ㅇ 라이 카

B อันละเท่าไรครับ

안 라 타오 라이 크랍

A 250 บาทค่ะ

써-ㅇ러-이하-씹바-ㅅ카

B แพงมาก แล้วอันนั้นล่ะ

패-ㅇ 마-ㄱ 래-우 안 난 라

A 200 บาทค่ะ

써-ㅇ러-이바-ㅅ 카

B ขออันนั้นครับ

커- 안 난 크랍

A ต้องการอย่างอื่นไหมคะ

떠-ㅇ 까-ㄴ 야-ㅇ 으-ㄴ 마이 카

B ไม่ครับ

마이 크랍

A 당신은 무엇을 원하십니까?

B 귀여운 인형을 사고 싶습니다.

A 이것은 어떻습니까?

B 한 개에 얼마죠?

A 250바트입니다.

B 매우 비싸군요, 그러면 저것은요?

A 200바트입니다.

B 저것을 주세요.

A 다른 것이 필요합니까?

B 아닙니다.

어구정리

ของ [커-ㅇ] 물건, ~의 | **ต้องการ** [떠-ㅇ까-ㄴ] 원하다, ~하고 싶다 | **อยาก** [야-ㄱ] 원하다, ~하고 싶다 | **ตุ๊กตา** [뚝까따-] 인형 | **น่า** [나-] ~할 만하다, ~할 가치가 있다 | **รัก** [락] 사랑하다 | **น่ารัก** [나-락] 귀엽다 | **ตัว** [뚜-어] 동물, 인형 등을 셀 때의 수량사 | **ละ** [라] ~당, ~마다 | **แพง** [패-ㅇ] 비싸다 | **ขอ** [커-] 요구, 부탁 등을 나타내는 조동사 | **อย่างอื่น** [야-ㅇ으-ㄴ] 다른 것 | **ต้อง** [떠-ㅇ] ~해야만 한다 | **ไม่ต้อง** [마이떠-ㅇ] ~하지 말라, ~할 필요없다 | **อัน** [안] (수량사) 물건, 것

01 อยาก(จะ) [야-ᆨ(짜)], ต้องการ(จะ) [떠-ㅇ까-ㄴ(짜)]

อยาก(จะ), ต้องการ(จะ)는 희망, 소원의 뜻을 나타내는 조동사로 동사 앞에 오며, 부정의 경우에는 부정사 「**ไม่**」를 앞에 둔다.

ดิฉันอยากจะไปประเทศไทย 디 찬 야-ᆨ 짜 빠이 쁘라테-ㅅ 타이	나는 태국에 가고 싶다.
ผมต้องการน้ำเย็น 폼 떠-ㅇ 까-ㄴ 남 옌	나는 냉수를 원한다.
คุณแม่ไม่อยากซื้อเสื้อตัวนั้น 쿤 매- 마이 야-ᆨ 쓰-쓰-아뚜-어난	어머니는 그 옷을 사기를 원하지 않는다.

02 น่า [나-]

น่า는 「~할 만하다, ~할 가치가 있다」의 의미로 전성형용사를 만들 때 동사 앞에 붙여 사용한다.

น่าดู 나-두-	볼 만한	**น่ากิน** 나- 낀	먹을 만한
น่าฟัง 나- 황	들을 만한	**น่าอาย** 나-아-이	부끄러운
น่าเกลียด 나- 끄리- 얏	보기 싫은, 혐오스러운	**น่ารัก** 나-락	귀여운

อาย 부끄럽다, 수치스럽다

เกลียด 보기 싫다, 혐오스럽다

03 태국의 화폐 단위

태국의 화폐 단위로는 **บาท** [바-ㅅ]과 **สตางค์** [싸따-ㅇ]이 있다. 1 **บาท**은 우리 돈의 약 33원에 해당 되며 1 **บาท**는 100 **สตางค์** 이다. **เหรียญ** [리-얀](동전)으로는 25, 50 **สตางค์** 그리고 1, 2, 5, 10 **บาท**이 있으며 **แบงค์** [배-ㅇ](지폐)로는 20, 50, 100, 500, 1000 **บาท**이 있다. **สตางค์** [싸따-ㅇ]의 약자는 **ตังค์** [땅]

04 ต้อง [떠-ㅇ]

ต้อง 혹은 **จะต้อง** [짜떠-ㅇ]은 당연하다는 뜻을 나타내는 조동사로 동사 앞에 위치하며, 부정의 경우 부정사 **ไม่**를 **ต้อง** 앞에 둔다.

เราต้องกินข้าวทุกวัน 우리는 매일 밥을 먹어야만 한다.
라오 떠-ㅇ 낀 카-우 툭 완

คุณไม่ต้องไปที่นั่น 당신은 그 곳에 가서는 안 된다. (갈 필요가 없다.)
쿤 마이 떠-ㅇ 빠이티-난

ทุก 모든, 모두
ทุกวัน 매일

왓프라깨우

1 **아래 한국어를 태국어로 작문하시오.**

① 당신은 하루에 몇 시간 배웁니까?(수업이 몇 시간 있습니까?)

____

② 나는 집 두 채를 가지고 있다.

____

③ 나는 내년에 태국에 가기를 원한다.

____

④ 태국 음식은 먹을 만한 음식이다.

____

⑤ 오늘 당신은 일하러 갈 필요가 없다.

____

⑥ 우리는 항상 열심히 공부해야 한다.

____

Part 10

ผมพูดภาษาไทยได้

나는 태국어를 말할 수 있다.

가능 · 능력 조동사

가능 · 능력을 나타내는 조동사로는 **ได้**, **เป็น**, **ไหว** 등이 있으며 동사 또는 목적어 뒤에 위치한다.

핵심포인트

폼̌ 푸̂-ㅅ 파̄-싸̌- 타̄이 다̂이
ผม พูด ภาษาไทย ได้
① ④ ③ ② ⑤
나는 태국어를 말할 수 있다.
① ② ③ ④ ⑤

프̂룽 니́- 폼̌ 빠̄이 다̂이
พรุ่งนี้ ผม ไป ได้
① ② ③ ④
내일 나는 갈 수 있다.
① ② ③ ⑤

카̌오 와̂-이 남́ 뻰
เขา ว่ายน้ำ เป็น
① ② ③
그는 수영할 줄 안다.
① ② ③

폼̌ 낀 카̂-우 와̌이
ผม กิน ข้าว ไหว
① ② ③ ④
나는 밥을 먹는 것이 가능하다.
① ③ ② ④

쿤 키̌-얀 파̄-싸̌- 타̄이 다̂이 마̌이 크랍́

A คุณเขียนภาษาไทยได้ไหมครับ 당신은 태국어를 쓸 수 있습니까?

① ④ ③ ② ⑤ / ① ② ③ ④ ⑤

키̌-얀 다̂이 카̂

B เขียนได้ค่ะ 쓸 수 있습니다.

① ② / ① ②

쿤 처̂-ㅂ 드̀-ㅁ 라̂오 마̌이 크랍́

A คุณชอบดื่มเหล้าไหมครับ 당신 술 마시는 것을 좋아합니까?

① ④ ③ ② ⑤ / ① ② ③ ④ ⑤

드̀-ㅁ 마̂이 뻰 카̂

B ดื่มไม่เป็นค่ะ 마실 줄 모릅니다.

① ③ ② / ① ② ③

쿤 처̂-ㅂ 레̂-ㄴ 끼̄- 라̄-아 라̄이 크랍́

A คุณชอบเล่นกีฬาอะไรครับ 당신은 무슨 운동하는 것을 좋아하십니까?

① ④ ③ ② / ① ② ③ ④

새로운 낱말

พูด [푸̂-ㅅ] 말하다 | **ภาษา** [파̄-싸̌-] 언어 | **พรุ่งนี้** [프̂룽니́-] 내일 | **ว่ายน้ำ** [와̂-이남́] 수영하다 | **เขียน** [키̌-얀] 쓰다 | **ชอบ** [처̂-ㅂ] 좋아하다 | **ดื่ม** [드̀-ㅁ] 마시다 | **เหล้า** [라̂오] 술 | **เล่น** [레̂-ㄴ] 놀다, (공)치다, 차다 | **กอล์ฟ** [꺼̀-ㅂ] 골프(golf)

디 찬 처-ㅂ 레-ㄴ 꺼-ㅂ 카

B **ดิฉันชอบเล่นกอล์ฟค่ะ**

① ④ ③ ②

저는 골프 치는 것을 좋아합니다.

① ② ③ ④

쿤 레-ㄴ 뻰 마이 카

คุณเล่นเป็นไหมคะ

① ② ③ ④

당신은 칠 줄 아십니까?

① ② ③ ④

폼 레-ㄴ 마이 뻰 크랍

A **ผมเล่นไม่เป็นครับ**

① ② ④ ③

저는 칠 줄 모릅니다.

① ② ③ ④

01 가능 · 능력 조동사

가능, 능력을 나타내는 조동사로는 **ได้** [다^이], **เป็น** [뻰], **ไหว** [와ˇ이] 등이 있으며 동사 또는 목적어 뒤에 위치한다.

긍정문 : 동사 + (목적어) + 가능, 능력 조동사 …을(를) 할 수 있다, …을(를) 할 줄 안다

부정문 : 동사 + (목적어) + ไม่ + 가능, 능력 조동사 …을(를) 할 수 없다, …을(를) 할 줄 모른다

의문문 : 동사 + (목적어) + 가능, 능력 조동사 + 의문 조사

ผมพูดภาษาไทยได้ 폼푸^-ㅅ파- 싸ˇ-타이 다^이	나는 태국어를 말할 수 있다.
เขาว่ายน้ำเป็น 카ˇ오 와^-이 남´ 뻰	그는 수영을 할 줄 안다.
ผมดื่มเหล้าไหว 폼ˇ 드`-ㅁ 라^오 와ˇ이	나는 술을 마시는 게 가능하다.
ดิฉันไปไม่ได้ 디`찬ˇ 빠-이 마^이다^이	나는 갈 수 없다.
ผมเล่นปิงปองไม่เป็น 폼ˇ 레^-ㄴ삥 뻐-ㅇ 마^이 뻰	나는 탁구를 칠 줄 모른다.
ผมเดินไปอีกไม่ไหว 폼ˇ더-ㄴ빠-이이`-ㄱ마^이와ˇ이	나는 더 이상 못 걷겠다.
คุณพูดภาษาไทยได้ไหม 쿤 푸^-ㅅ 파- 싸ˇ- 타-이 다^이 마ˇ이	당신은 태국어를 말할 수 있느냐?
(พูด) ได้ 푸^-ㅅ 다^이	(말)할 수 있다.
(พูด) ไม่ได้ 푸^-ㅅ 마^이다^이	(말)할 수 없다.
(พูด) ได้นิดหน่อย 푸^-ㅅ 다^이 닛´ 너`-이	조금 (말)할 수 있다.

ปิงปอง 탁구
อีก 더

นิดหน่อย 조금

• 위 세 가지 조동사 **ได้** [다̂이], **เป็น** [뻰̄], **ไหว** [와̌이]는 조금씩 차이가 있는데 아래 예문을 보고 비교해 보자.

① **ผมดื่มเหล้าไม่ได้** 나는 술을 마실 수 없다.
폼̌드̀-ㅁ 라̂오 마̂이 다̂이

② **ผมดื่มเหล้าไม่เป็น** 나는 술을 마실 줄 모른다.
폼̌ 드̀-ㅁ 라̂오 마̂이 뻰̄

③ **ผมดื่มเหล้าไม่ไหว** 나는 더 이상 술을 못 마시겠다.
폼̌ 드̀-ㅁ 라̂오 마̂이 와̌이

①의 경우는 신체에 이상이 있거나 혹은 다른 이유로 인한 것이고,
②의 경우는 선천적으로 혹은 마셔본 적이 없기 때문에,
③의 경우는 육체적으로 견디지 못해서 마실 수가 없다는 의미이다.

주의! 능력의 뜻을 가진 조동사로 **สามารถ** [싸̌-마̂-ㅅ]이 있는데,
이 역시 **ได้**를 동반하여 「**สามารถ …… ได้**」의 형식을 취한다.

สามารถถ่ายรูปที่นี่ได้ 여기서 사진을 찍을 수 있다.
싸̌- 마̂-ㅅ 타̀-이루̂-ㅂ티̂-니̂-다̂이

ประเทศไทยสามารถผลิตข้าวโพดได้ 태국은 옥수수를 생산할 수 있다.
쁘̀라 테̂-ㅅ 타̄이 싸̌- 마̂-ㅅ 팔̀릿 카̂-우포̂-ㅅ 다̂이

ถ่าย (사진) 찍다
รูป 사진, 그림
ที่นี่ 이곳
ผลิต 생산하다
ข้าวโพด 옥수수

รถไฟ (기차)

롯 화이

A ช่อง(ที่)ขายตั๋วไปสายใต้อยู่ที่ไหนครับ
처-ㅇ (티-) 카-이 뚜-어 빠이 싸-이 따이 유- 티- 나이 크랍

B ช่องที่สามค่ะ
처-ㅇ 티- 싸-ㅁ 카

A ขอตั๋วไปหาดใหญ่สองใบครับ
커- 뚜-어 빠이 하-ㅅ 야이 써-ㅇ 바이 크랍

B ขอดูหนังสือเดินทางหน่อยค่ะ จะไปเมื่อไหร่คะ
커- 두- 낭 쓰- 더-ㄴ 타-ㅇ 너-이 카 짜 빠이 므-아 라이 카

A พรุ่งนี้ครับ
프룽 니- 크랍

B จะเอาแบบขบวนรถธรรมดาหรือรถปรับอากาศคะ
짜 아오 배-ㅂ 카부-언 롯 탐 마 다- 르- 롯 쁘랍 아-까-ㅅ 카

A ขอตู้นอนปรับอากาศครับ
커- 뚜-넌-ㄴ 쁘랍 아-까-ㅅ 크랍

B ชั้นหนึ่งหรือชั้นสองคะ
찬 능 르- 찬 써-ㅇ 카

A ขอตู้นอนชั้นหนึ่งครับ
커- 뚜-넌-ㄴ 찬 능 크랍

B หนึ่งพันหกร้อยยี่สิบห้าบาทค่ะ
능 판 혹 러-이 yi- 씹 하- 바-ㅅ 카

A 남부선 가는 매표소가 어디 있습니까?

B 세 번째 창구요.

A 「핫야이」 가는 표 두 장 주세요.

B 여권 좀 보여 주세요. 언제 가실 거예요?

A 내일입니다.

B 보통칸입니까? 에어컨 있는 칸입니까?

A 에어컨이 있는 침대칸 주세요.

B 1층입니까? 2층입니까?

A 1층 침대칸 주세요.

B 1,625바트입니다.

어구정리

รถไฟ [롯화이] 기차 | **ช่อง** [처-ㅇ] 구멍, 창구, 채널 | **ขาย** [카-이] 팔다 | **ตั๋ว** [뚜-어] 표, 티켓 | **สายใต้** [싸-이따이] 남부선 | **หนังสือเดินทาง** [낭쓰-더-ㄴ타-ㅇ] 여권 | **ชั้น** [찬] 층, 등급, 학년 | **รถนอน** [롯 너-ㄴ] 침대차 | **ธรรมดา** [탐마다-] 보통의 | **แอร์** [애-] 에어컨 | **ล่าง** [라-ㅇ] 아래쪽 | **บน** [본] 위쪽 | **ขบวน** [카부-언] 대오, 행렬, (수량사)대, 열 | **ปรับ** [쁘랍] 조절하다, 조정하다 | **ตู้** [뚜-] 장, 통, 캐비넷 | **ตู้นอน** [뚜-너-ㄴ] 침대칸

포인트

01 ตั๋ว [뚜ˇ-어], ใบ [바-이]

ตั๋ว는 「표, 티켓」, 그리고 ใบ는 「~증, 증서」를 나타낼 때 쓰인다.

ตั๋วหนัง 뚜ˇ-어 낭ˇ	영화표	**ตั๋วเครื่องบิน** 뚜ˇ-어 크르^-앙 빈	비행기표
ใบขับขี่ 바-이 캅키`-	운전면허증	**ใบตรวจโรค** 바-이뜨루`-엇로^-ㄱ	진료증

เครื่องบิน 비행기
ขับ (차) 운전하다
ขี่ (자전거, 오토바이) 타다
ตรวจ 검사하다, 조사하다
โรค 병(病)

ตั๋ว와 ใบ 이외에 **บัตร** [밧`]도 「신분증, 카드, 표, 증서」를 의미하는 말로 사용한다.

บัตรเชิญ 밧` 처-ㄴ	청첩장	**บัตรประชาชน** 밧` 쁘라` 차- 촌	주민등록증
นามบัตร 나-ㅁ 밧`	명함	**บัตรนักศึกษา** 밧` 낙´ 쓱` 싸ˇ-	학생증
บัตรเข้าออก 밧` 카^오 어`-ㄱ	출입증		

เชิญ 초청하다
ประชาชน 국민
นาม 이름
เข้า 들어가다
ออก 나가다

아유타야

잠깐만요!

기차 여행 시 알아두면 유용한 표현

ขอโทษ ไปสถานีรถไฟอย่างไรครับ
커- 토-ㅅ 빠이 싸타-니-롯 화이야-ㅇ 라이 크랍
실례지만, 기차역까지 어떻게 갑니까?

ตั๋วไป- ซื้อได้ที่ไหนครับ
뚜-어빠이쓰- 다이 티-나이 크랍
~까지 가는 차표, 어디에서 삽니까?

มะรืนนี้จะไป- มีขบวน(ตั๋ว)
마르-ㄴ니-짜 빠이 미-카 부-언(뚜-어)
모레 ~로 가려고 하는데,

กี่โมงครับ
끼 모-ㅇ 크랍
몇 시 기차(표)가 있습니까?

ขอตั๋วไปเชียงใหม่ชั้นสองนะครับ
커- 뚜-어 빠이 치-양 마이 찬 써-ㅇ나 크랍
치앙마이 가는 2등칸 표 주세요.

ผมเป็นคนต่างชาติ(คนเกาหลี)
폼 뻰 콘 따-ㅇ 차-ㅅ (콘 까오리-)
저는 외국인(한국인)입니다.

ขอรบกวนหน่อย
커 롭 꾸-언 너-이
폐 좀 끼치겠습니다.

ช่วยหาที่นั่งผมหน่อย
추-어이하-티-낭 폼 너-이
제 좌석 좀 찾아 주세요.

ค่ารถเท่าไรครับ
카- 롯 타오 라이 크랍
요금이 얼마입니까?

ถึง- เมื่อไรครับ
틍 므-아 라이 크랍
언제 ~에 도착합니까?

มีขบวนเร็ว(ช้า)กว่านี้ไหมครับ
미-카부-언레우 (차-) 꽈- 니- 마이 크랍
좀 더 이른(늦은) 열차 있습니까?

ขอคืนตั๋วได้ไหมครับ
커-크-ㄴ뚜-어다이마이 크랍
표를 반환할 수 있나요?

ขอตารางเวลารถไฟหนึ่งใบครับ
커- 따- 라-ㅇ 외- 라- 롯 화이 능 바이 크랍
열차시간표 한 부 주세요.

รถไฟออกชานชาลาเลขที่เท่าไร
롯화이어-ㄱ차-ㄴ차-라-레-ㄱ티-타오라이
몇 번 플랫폼에서 기차가 출발하나요?

มีรถตู้เสบียงหรือเปล่าครับ
미- 롯 뚜- 싸 비-양 르- 쁘라오 크랍
식당차가 있습니까?

1 **아래 한국어를 태국어로 작문하시오.**

① 나는 내일 놀러 갈 수 없다.

---

② 아버지는 운전할 줄 아신다.

---

③ 나는 더 이상 걸을 수가 없다.

---

④ 당신은 태국어를 말할 줄 압니까?

---

⑤ 할 줄 압니다. / 못 합니다.

---

⑥ 당신은 운전면허증이 있습니까?

Part 11

เขาไปแล้ว

그는 갔다.

완료 조동사

동작이나 행위가 완료되었을 때 동사 뒤에 조동사 แล้ว[래́-우]를 붙여 완료를 표현하는 문형이다.

핵심포인트

카̌오 빠̄이 래́-우
เขา ไปแล้ว
① ②

그는 갔다
① ②

터̄- 낀̄ 카̂-우 래́-우 빠̄이 로̄-ㅇ 리̄-얀
เธอ กิน ข้าว แล้ว ไป โรงเรียน
① ③ ② ④ ⑥ ⑤

그녀는 밥을 먹고 나서 학교에 간다.
① ② ③ ④ ⑤ ⑥

A **คุณทานอาหารกลางวันแล้ว** 당신 점심 드셨어요?
쿤 타-ㄴ 아- 하-ㄴ 끄라-ㅇ 완 래-우

หรือยังครับ 아직이에요?
르- 양 크랍

B **ดิฉันเพิ่งทานข้าวกับคุณลีค่ะ** 저는 이 씨와 방금 식사를 했습니다.
디 찬 퍼-ㅇ 타-ㄴ 카-우 깝 쿤 리- 카

A **คุณลีกลับแล้วหรือยังครับ** 이 선생님은 돌아갔어요?
쿤 리- 끄랍 래-우 르- 양 크랍

B **ค่ะ ทานข้าวเสร็จแล้วกลับเลย** 네, 밥을 먹고 나서 바로 돌아갔습니다.
카 타-ㄴ 카-우 쎗 래-우 끄랍 러-이

A **เมื่อเช้าคุณไปไหนครับ** 오늘 아침 당신은 어디 갔습니까?
므-아 차오 쿤 빠이 나이 크랍

B **ไปซื้อหนังสือค่ะ** 책을 사러 갔습니다.
빠이 쓰- 낭 쓰- 카

새로운 낱말

แล้ว [래-우] 완료를 나타내는 조동사. 끝나다, 마치다, 그러고 나서, 그러면 | **เย็น** [옌] 저녁, 시원하다, 차다 | **เพิ่ง** [퍼-ㅇ] 방금 ~하다, ~한 지 얼마 안 되다 | **กลับ** [끌랍] 돌아가다 | **เสร็จ** [쎗] 끝나다, 마치다 | **เลย** [러-이] 동사 뒤에 붙여 강조를 나타냄 | **เมื่อ** [므-아] …할 때, 명사 혹은 전치사와 짝을 이루어 과거를 나타냄 | **เมื่อเช้า** [므-아 차오] 오늘 아침 | **กลางวัน** [끄라-ㅇ 완] 점심 때, 낮 | **ต่อ** [떠-] 계속해서

A **ซื้อหนังสือแล้วทำอะไรต่อครับ** 책을 사고 나서 무엇을 했습니까?
쓰́- 낭̌ 쓰̌- 래́-우 탐 아̀ 라̄이 떠̀- 크́랍

B **ไปออกกำลังกายค่ะ** 운동하러 갔습니다.
빠̄이 어̀-ㄱ 깜̄ 랑̄ 까̄-이 카̂

01 완료 조동사

동작이나 행위가 완료되었을 때 동사 뒤에 조동사 **แล้ว** [래́-우]를 붙여 완료를 표현하는 문형이다. **แล้ว**는 완료 의미 이외에도 접속사로 「그러면」, 「그리고 나서」의 의미로도 쓰인다.

ผมทานข้าวแล้ว 나는 밥을 먹었다.
폼타-ㄴ 카^-우 래́-우

> **การบ้าน** 숙제

อ่านหนังสือแล้วจะทำการบ้าน 책을 읽고 나서 숙제를 할 것이다.
아-ㄴ 낭 쓰- 래́-우 짜 탐 까-ㄴ 바^-ㄴ

부정문

แล้ว를 사용한 의문문에 대한 답을 할 때 부정의 경우에는 과거 조동사 **ได้**를 부정사 **ไม่** 다음에 둔다.

คุณกินข้าวแล้วหรือ 당신은 밥을 먹었습니까?
쿤 낀 카^-우 래́-우 르-

กินแล้ว 먹었다.
낀 래́-우

ไม่ได้กิน 먹지 않았다.
마^이다^이 낀

02 หรือยัง [르ˇ-양]

「…했느냐?, 아직이냐?」라는 의문의 표현이다. 이러한 물음에 대한 답은 긍정의 경우 「동사 + **แล้ว**」, 부정의 경우 「**ยัง** + **ไม่**(**ได้**) + 동사」 혹은 간단하게 「**ยัง**」으로 대답하면 된다.

คุณทำการบ้านแล้วหรือยัง 당신은 숙제를 했습니까? 아직입니까?
쿤 탐 까-ㄴ 바^-ㄴ 래́-우 르ˇ- 양

ทำแล้ว 했다.
탐 래́-우

ยังไม่(ได้)ทำ 아직 하지 않았다.
양 마^이 (다^이) 탐

03 เสร็จ [쎗]

เสร็จ은 「끝나다, 마치다」의 의미로, 「…하는 것을 끝내다」라는 표현은 태국어로 「동사 + **เสร็จ(แล้ว)**」로 하면 된다.

ผมสอบเสร็จแล้ว 나는 시험을 끝냈다.
폼 써-ㅂ 쎗 래-우

ดิฉันแต่งตัวเสร็จแล้ว 나는 옷치장을 끝냈다.
디 찬 때-ㅇ 뚜-어 쎗 래-우

แต่ง 치장하다, 장식하다
ตัว 몸, 신체
แต่งตัว 옷치장하다

04 เมื่อ [므-아]

เมื่อ는 접속사로 「…할 때」의 의미이다. 또한 명사나 전치사 등과 합쳐져 과거를 나타내는 부사구로도 쓰인다.

เมื่อสองเดือนก่อน 2개월 전에
므-아 써-ㅇ 드-안 꺼-ㄴ

เมื่อก่อน 전에
므-아 꺼-ㄴ

เมื่อคืน 어제 저녁
므-아크-ㄴ

05 교육기관

โรงเรียนอนุบาล 로-ㅇ 리-얀 아누바-ㄴ — 유치원

โรงเรียนประถมศึกษา 로-ㅇ 리-얀 쁘라 톰 쓱싸- — 초등학교

โรงเรียนมัธยมศึกษาตอนต้น 로-ㅇ 리-얀 맛타욤 쓱싸- 떠-ㄴ 똔 — 중학교

โรงเรียนมัธยมศึกษาตอนปลาย 로-ㅇ 리-얀 맛타욤 쓱싸- 떠-ㄴ 쁘라-이 — 고등학교

วิทยาลัย 윗타야-라이 — 전문대학

คณะ 카나 — 단과대학

มหาวิทยาลัย 마하- 윗타야-라이 — 대학교

บัณฑิตวิทยาลัย 반딧윗타야-라이 — 대학원

สถาบันวิจัย 싸타-반위짜이 — 연구소

การนัดหมาย (약속)

까–ㄴ 낫 마–이

A **พรุ่งนี้ตอนเย็นคุณว่างไหมครับ**
프룽 니– 떠–ㄴ 옌 쿤 와–ㅇ 마이 크랍

B **ว่างค่ะ มีอะไรหรือคะ**
와–ㅇ 카– 미– 아 라이 르– 카

A **คุณรู้จักอาจารย์คิมไหมครับ**
쿤 루– 짝 아– 짜–ㄴ 킴 마이 크랍

B **รู้จักค่ะ เมื่อเดือนที่แล้วเราเคยพบกันที่นี่**
루– 짝 카 므–아 드–안 티– 래–우 라오 커–이 폽 깐 티–니–

A **ผมนัดพบกับท่านเย็นพรุ่งนี้ครับ**
폼 낫 폽 깝 타–ㄴ 옌 프룽 니– 크랍

เราไปพบท่านพร้อมกันดีไหมครับ
라오 빠이 폽 타–ㄴ 프러–ㅁ 깐 디– 마이 크랍

B **ดีมากค่ะ พบกันกี่โมงดี**
디– 마–ㄱ 카 폽 깐 끼– 모–ㅇ디–

A **งั้น พบกันที่โรงแรมอินทรา ทุ่มครึ่ง สะดวกไหมครับ**
응안 폽 깐 티– 로–ㅇ 래–ㅁ 인트라– 툼 크릉 싸 두–억 마이 크랍

B **ได้ค่ะ พบกันพรุ่งนี้นะคะ**
다이 카 폽 깐 프룽 니– 나 카

A　당신은 내일 저녁에 시간 있으십니까?

B　있습니다. 무슨 일이 있으세요?

A　당신은 김교수님을 아십니까?

B　압니다. 지난달 우리는 이곳에서 만난 적이 있어요.

A　저는 내일 저녁에 그 분과 만나기로 약속했습니다.
우리 함께 만나시러 가는 것이 어떻겠습니까?

B　아주 좋습니다. 몇 시에 만날까요?

A　그러면 저녁 7시 반 「인트라」 호텔에서 만나는 것이 편하세요?

B　좋습니다. 내일 만납시다.

어구정리

นัด [낫] 약속하다 | **นัดหมาย** [낫마-이] 약속하다 | **ว่าง** [와-ㅇ] 비다, 한가하다, 시간 있다 | **พรุ่งนี้** [프룽 니-] 내일 | **พบ** [폽] 만나다 | **ทุ่ม** [툼] 시(時)(저녁 7시에서 11시까지의 시를 말할 때 사용) | **งั้น** [응안] 그러면, 그렇다면 | **นะ** [나] 동사 뒤에 붙여 애원, 강제, 동의, 권유, 의지를 표하거나 강조하는 어조사 | **พร้อมกัน** [프러-ㅁ 깐] 함께 | **สะดวก** [싸두-억] 편리하다

포인트

01 นะ [나́]

นะ는 문장 끝에서 애원, 강제, 동의, 권유, 의지, 의문을 표하거나 강조하는 어조사로 쓰인다.

เข้าใจนะ 카̂오 짜̄이 나́	이해했지요?(의문)
ไปนะ 빠̄이 나́	가자.(권유)
อย่านะ 야̀- 나́	그러지 말아라.(명령)
อร่อยนะ 아러̀-이 나́	맛있지?(의문, 동의)
เงียบนะ 응이̂-얍 나́	조용히 해!(권유, 명령)
หยุดนะ 윳̀ 나́	멈춰!(명령)

เข้าใจ 이해하다
อย่า 금지, 명령조동사, …하지 말아라
เงียบ 조용히 하다
หยุด 멈추다

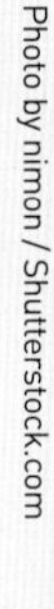

수상시장

1 **아래 한국어를 태국어로 작문하시오.**

① 당신은 숙제를 끝냈습니까? 아직입니까?

____

② 끝냈습니다. / 아직 안 끝냈습니다.

____

③ 아버지는 밥을 드시고 나서 일하러 가셨다.

____

④ 그는 3년전에 결혼했다.

____

⑤ 수업이 끝났느냐? 아직이냐?

____

เครื่องดื่ม (음료수)

크르^-앙 드`-ㅁ

ดื่ม [드`-ㅁ] 마시다

น้ำชา [남차-] 차

กาแฟ [까-홰-] 커피

เบียร์ [비-야] 맥주

ไวน์ [와이] 와인

น้ำผลไม้ [남폰라마이] 과일주스

นมสด [놈 솟] 우유

Part 12 ผมเคยกินอาหารไทย

저는 태국 음식을 먹어 본 적이 있습니다.

경험 조동사

동작을 나타내는 동사 앞에 **เคย**[커̄-이]를 사용하여 과거의 그 경험 즉, 한 적이 있음을 나타내는 문형을 말한다.

핵심포인트

폼 커̄-이 낀 아̄-하̌-ㄴ 타̄이
ผม เคย กิน อาหารไทย
① ⑤ ④ ③ ②

저는 태국 음식을 먹어 본 적이 있습니다.
① ② ③ ④ ⑤

디 찬 커̄-이 빠̄이 쁘라 테̂-ㅅ 타̄이
ดิฉัน เคย ไป ประเทศไทย
① ⑥ ⑤ ②

써̌-ㅇ 크랑́
สองครั้ง
③ ④

저는 태국에 두 번 가 본 경험이 있습니다.
① ② ③ ④ ⑤ ⑥

기본 회화

A **คุณเคยทานอาหารไทย** — 당신은 태국 음식을 먹어 본 경험이
쿤 커-이 타-ㄴ 아- 하-ㄴ 타이

ไหมครับ — 있습니까?
마이 크랍

B **ยังไม่เคยค่ะ** — 아직 경험이 없습니다.
양 마이 커-이 카

แต่อยากลองทานเหมือนกัน — 그러나, 먹어 보고 싶습니다.
때- 야-ㄱ 러-ㅇ 타-ㄴ 므-안 깐

A **อาหารไทยเป็นอาหาร** — 태국 음식은 매우
아- 하-ㄴ 타이 뻰 아- 하-ㄴ

ที่มีชื่อเสียงมากครับ — 유명한 음식입니다.
티- 미- 츠- 씨-양 마-ㄱ 크랍

B **อาหารอะไรมีชื่อเสียงคะ** — 어떤 음식이 유명합니까?
아- 하-ㄴ 아 라이 미- 츠- 씨-양 카

새로운 낱말

เคย [커-이] 경험을 나타내는 조동사 | **ครั้ง** [크랑] 회, 횟수, 번 | **ต่าง ๆ** [따-ㅇ따-ㅇ] 다른, 여러 가지, 각종 | **เสียง** [씨-양] 소리 | **ชื่อเสียง** [츠-씨-양] 명성, 명예 | **มีชื่อเสียง** [미-츠-씨-양] 유명하다 | **หลาย** [라-이] 많다, 다수이다, 여러 | **อย่าง** [야-ㅇ] 가지, 종류 | **ต้ม** [똠] 끓이다, 익히다, 삶다 | **ยำ** [얌] 뒤섞다, 혼합하다 | **ต้มยำ** [똠얌] 태국식 수프의 일종 | **ผัดไทย** [팟타이] 태국식 볶음 국수 | **แกง** [깨-ㅇ] 국, 수프 | **ต่าง** [따-ㅇ] 다른 | **เหมือนกัน** [므-안깐] 마찬가지로, 역시

A **มีหลายอย่างครับ** 여러 가지가 있습니다.
미- 라ˇ이 야ˋ-ㅇ 크랍

ซีฟู๊ด ผัดไทย ต้มยำกุ้ง 해산물 음식, 볶음 국수, 똠얌꿍,
씨-후-ㅅ 팟 타이 똠 얌 꿍

แกงต่าง ๆ เป็นต้น 여러가지 국 등등입니다.
깨-ㅇ 따ˋ-ㅇ 따ˋ-ㅇ 뻰 똔

01 경험 조동사

동작을 나타내는 동사 앞에 **เคย** [커ˉ이]를 사용하여 과거의 그 경험을 한 적이 있음을 나타내는 문형이다. 부정문은 부정사 **ไม่**를 사용하여 **เคย** 앞에 놓으면 된다.

긍정문 : เคย+ 동사　　~한 적이 있다

คุณพ่อเคยอยู่ที่ประเทศฝรั่งเศส
쿤 퍼̂ - 커ˉ이유̀ - 티̂ - 쁘̀라테̂ -ㅅ 화랑쎄̀ -ㅅ

아버지는 프랑스에 사신 적이 있으시다.

> **ฝรั่งเศส** 프랑스
> **หนัง** 영화

ดิฉันเคยดูหนังไทย
디̀ 찬̌ 커ˉ이 두ˉ-낭̌ 타ˉ이

나는 태국 영화를 본 적이 있다.

부정문 : ไม่เคย+ 동사　　~한 적이 없다

ผมไม่เคยไปที่นั่น　　나는 그 곳에 가 본 경험이 없다.
폼̌마̂이커ˉ-이빠ˉ이티̂-난̂

> **เหล้า** 술

น้องชายผมไม่เคยดื่มเหล้า　　내 동생은 술을 마셔 본 적이 없다.
너́-ㅇ 차ˉ-이 폼̌ 마̂이커ˉ-이드̀-ㅁ 라̂오

02 ครั้ง [크́랑]

ครั้ง [크́랑]은 횟수를 나타낼 때 사용하며 수사와 결합할 경우에는 수사 뒤에 위치한다. 단, 하나를 셀 때는 수사와 **ครั้ง**이 바뀌어도 무방하다. **ครั้ง** 외에 **ที** [티ˉ-]도 횟수를 나타낼 때 사용한다.

หนึ่งครั้ง(ครั้งหนึ่ง)　　한 번
능̀ 크́랑 (크́랑 능̀)

สามครั้ง　　세 번
싸̌-ㅁ 크́랑

ครั้งที่สาม　　세 번째, 제 3회
크́랑 티̂- 싸̌-ㅁ

ทีละคน
티- 라 콘
(한 번에) 한 사람씩

ปีละสี่ครั้ง
삐-라 씨-크랑
1년에 네 번

03 ต่าง [따-ㅇ]

ต่าง [따-ㅇ]은 「다른」의 뜻을 가진 형용사로 다른 형용사와 달리 명사 앞에서 수식 작용을 한다.

ต่างประเทศ
따-ㅇ 쁘라테-ㅅ
외국

ต่างจังหวัด
따-ㅇ 짱 왓
지방

그러나 **ต่าง ๆ** [따-ㅇ따-ㅇ](각종, 여러)을 사용할 경우에는 명사 뒤에 위치한다.

ผลไม้ต่าง ๆ
폰라마이따-ㅇ따-ㅇ
각종 과일

เรื่องต่าง ๆ
르-앙 따-ㅇ 따-ㅇ
여러 가지 이야기

การถามเส้นทาง (길 묻기)

까-ㄴ 타-ㅁ 쎄-ㄴ 타-ㅇ

A ขอโทษ วัดพระแก้วไปอย่างไรครับ
커- 토-ㅅ 왓 프라- 깨-우 빠이 야-ㅇ 라이 크랍

B จากที่นี่ไม่ค่อยไกลนักค่ะ คุณยังไม่เคยไปใช่ไหมคะ
짜-ㄱ 티- 니-마이 커-이 끄라이 낙 카 쿤 양 마이 크-이 빠이 차이 마이 카

A ใช่ครับ ครั้งนี้เป็นครั้งแรก
차이 크랍 크랑 니- 뻰 크랑 래-ㄱ

B คุณนั่งรถเมล์ไปได้ค่ะ
쿤 낭 롯 메- 빠이 다이 카

A นั่งรถเมล์สายอะไรครับ
낭 롯 메- 싸-이 아 라이 크랍

B สาย 37 หรือ 38 ค่ะ
싸-이 싸-ㅁ씹 쩻 르-싸-ㅁ씹빠-ㅅ카

A ป้ายรถเมล์อยู่ที่ไหนครับ
빠-이 롯 메- 유- 티- 나이 크랍

B เดินตรงไปที่สี่แยก ป้ายรถเมล์อยู่ขวามือค่ะ
드-ㄴ 뜨롱 빠이 티- 씨- 예-ㄱ 빠-이 롯 메- 유- 콰- 므- 카

A ขอบคุณที่ช่วยครับ
커-ㅂ 쿤 티- 추-어이 크랍

B ยินดีค่ะ
yin 디- 카

A 실례합니다만,「프라깨우」사원은 어떻게 갑니까?

B 여기서 그다지 멀지 않습니다. 당신은 아직 가 본 경험이 없습니까?

A 네, 이번이 처음입니다.

B 당신은 버스 타고 갈 수 있습니다.

A 몇 번 버스를 탑니까?

B 37번이나 38번입니다.

A 버스 정류장은 어디에 있습니까?

B 사거리로 똑바로 걸어가시면 버스정류장이 오른쪽에 있습니다.

A 도와주셔서 감사합니다.

B 천만에요.

어구정리

ถนน [타논] 도로, 대로 | **เส้นทาง** [쎄-ㄴ타-ㅇ] 노선, 방향 | **วัด** [왓] 사원 | **วัดพระแก้ว** [왓프라깨-우] 「프라깨우」사원 | **จาก** [짜-ㄱ] ~에서 부터 (장소) | **ยัง** [양] 아직, …를 향해서, …로 | **ครั้ง** [크랑] 회(回), 번 | **แรก** [래-ㄱ] 첫, 처음 | **นั่ง** [낭] 앉다 | **รถเมล์** [롯메-] 버스 | **สาย** [싸-이] 선, 노선, 길, 늦다 | **ป้าย** [빠-이] 간판, 표지판 | **ตรง** [뜨롱] 똑바로, 곧장, 곧은, 정각, 똑같다, 지점(장소) | **ทาง** [타-ㅇ] 길, 쪽, 방향 | **เลี้ยว** [리-아우] 돌다, 회전하다 | **แยก** [예-ㄱ] 갈라지다, 분리하다 | **สี่แยก** [씨-예-ㄱ] 네거리, 사거리 | **ขวา** [콰-] 오른쪽 | **มือ** [므-] 손 | **ช่วย** [추-어이] 돕다 | **ยินดี** [yin디-] 기꺼이, 환영하다

포인트

01 จาก [짜-ㄱ]

「~부터, ~까지」의 표현은 장소를 나타낼 경우에는 **จาก** [짜-ㄱ] ~ **ถึง** [틍]으로, 시간을 나타낼 경우에는 **ตั้งแต่** [땅때-] ~ **ถึง** [틍] 혹은 **จนถึง** [쫀틍]으로 하면 된다.

จากกรุงโซลถึงอินชอน 서울에서 인천까지
짜-ㄱ끄룽 쏘-ㄴ틍 끄룽 인처-ㄴ

ตั้งแต่วันนี้จนถึงพรุ่งนี้ 오늘부터 내일까지
땅 때- 완 니- 쫀 틍 프룽 니-

02 ขอโทษ [커-토-ㅅ]

양보나 부탁을 구할 때 쓰는 「죄송합니다, 미안합니다」 등의 겸손한 표현이다. 우리말의 「실례합니다」의 의미로 그 사용범위를 넓혀도 무방하다.

ขอโทษครับ 미안합니다.
커- 토-ㅅ 크랍

ขออภัยครับ 죄송합니다.(좀 더 정중한 표현)
커- 아 파이 크랍

ขอโทษ ขอรบกวนหน่อย 죄송합니다만, 폐 좀 끼치겠습니다.
커- 토-ㅅ 커- 롭 꾸-언 너-이

โทษ 죄, 벌, 해
อภัย 용서하다, 양해하다
รบกวน 폐 끼치다, 걱정을 끼치다, 괴롭히다

03 นั่ง [낭], ขึ้น [큰]

นั่ง [낭]은 「앉다」, **ขึ้น** [큰]은 「…에 오르다, …에 타다」의 의미를 지닌 동사로 모든 운송수단에 탈 경우에 이 둘을 구분하지 않고 사용한다. 단, 배를 탈 경우는 「내리다」라는 의미로 **ลง** [롱]을 써야 하고 배에서 내릴 경우에는 **ขึ้น** [큰]을 사용한다.

ลงเรือ 배를 타다
롱르-아

ขึ้นเครื่องบิน 비행기를 타다
큰 크르-앙 빈

นั่งรถไฟ 기차를 타다
낭 롯 퐈이

เรือ 배
รถไฟ 기차
เครื่องบิน 비행기

잠깐만요!

버스탈 때 유용한 표현

ไป-ขึ้นรถเมล์สายอะไรครับ
빠이 큰 롯 메- 싸-이 아 라이 크랍
~에 가려면 몇 번 버스를 타야 합니까?

เพิ่งขึ้นครับ
퍼-ㅇ 큰 크랍
금방 탔습니다.

ผมจะลงที่-
폼 짜 롱 티
저는 ~에서 내립니다.

ขอโทษ ผมจะลง
커- 토-ㅅ 폼 짜 롱
미안합니다. 내립니다.

จอดที่ - ไหมครับ
쩌-ㅅ 티- 마이 크랍
~에서 섭니까?

เปลี่ยนรถ(สาย)ที่ไหนครับ
쁘리-얀 롯 (싸-이) 티- 나이 크랍
어디에서 갈아타야 합니까?

ไปกี่ป้ายครับ
빠이 끼-빠-이크랍
몇 정거장입니까?

ที่ขายตั๋วอยู่ที่ไหนครับ
티-카-이뚜-어유-티-나이크랍
매표소가 어디입니까?

คนต่างประเทศไปได้ไหมครับ
콘 따-ㅇ 쁘라 테-ㅅ 빠이 다이 마이 크랍
외국인이 갈 수 있습니까?

(รถ)คันต่อไปออกเมื่อไร
(롯) 칸 떠- 빠이 어-ㄱ므-아라이
다음 번 차는 언제(몇 시에) 출발합니까?

(กี่โมง)ครับ
(끼모-ㅇ) 크랍

ค่ารถเท่าไรครับ
카-롯 타오 라이 크랍
차비가 얼마입니까?

ตรงนี้มีคนนั่งไหมครับ
뜨롱 니- 미- 콘 낭 마이 크랍
이 자리에 사람 있습니까?

วางกระเป๋าไว้ที่ไหนครับ
와-ㅇ끄라 빠오와이티- 나이 크랍
짐은 어디에 둡니까?

พักที่นี่นานเท่าไรครับ
팍 티-니-나-ㄴ타오 라이 크랍
이곳에서 얼마나 머뭅니까?

1 **아래 한국어를 태국어로 작문하시오.**

① 당신은 태국에 가 보신 경험이 있습니까?

② 있습니다. / 없습니다.

③ 아직 안 가 보았습니다.

④ 한 사람씩 들어오세요.

⑤ 당신은 한 달에 부모님께 몇 번 방문하십니까?(찾아뵙니까?)

⑥ 도서관에는 각종(여러 가지) 책이 있다.

⑦ 서울에서 방콕까지는 몇 시간 걸립니까?

⑧ 6시간 걸립니다.

Part 13

ผมจะไปประเทศไทย

나는 태국에 갈 것입니다.

기타 조동사

조동사는 동사 또는 형용사 앞에서 희망, 의지, 필연 등을 나타낸다.

핵심포인트

삐- 나̂ 폼̌ 짜̀ 빠̄이 쁘라테̂-ㅅ 타̄이
ปีหน้าผมจะไปประเทศไทย 내년에 나는 태국에 갈 것입니다.
① ② ⑤ ④ ③ / ① ② ③ ④ ⑤

카̌오 푸̂-ㅅ 파̄- 싸̌- 타̄이 다̂이
เขา พูด ภาษาไทย ได้ 그는 태국어를 말할 수 있다.
① ④ ③ ② ⑤ / ① ② ③ ④ ⑤

쿤 퍼̂- 아̀-ㅅ 짜̀ 퍼- 짜̄이
คุณพ่อ อาจจะ พอใจ 아버지는 아마 만족하실 겁니다.
① ② ③ ④ / ① ② ④ ③

기본 회화

A **เชิญครับ คุณจะไปไหนครับ**
처̄-ㄴ 크랍 쿤 짜 빠이 나이 크랍
어서 오세요. 당신은 어디로 가려고 합니까?

B **ไปที่สนามบินค่ะ**
빠이 티- 싸 나-ㅁ 빈 카
공항으로 가 주세요.

กรุณาขับรถเร็ว ๆ หน่อยค่ะ
까 루 나- 캅 롯 레우 레우 너-이 카
좀 빨리 운전해 주세요.

A **คุณต้องถึงสนามบินกี่โมงครับ**
쿤 떠-ㅇ 틍 싸 나-ㅁ 빈 끼- 모-ㅇ 크랍
당신은 몇 시에 공항에 도착해야만 합니까?

B **ควรจะถึงก่อนบ่ายสองโมงค่ะ**
쿠-언 짜 틍 꺼-ㄴ 바-이 써-ㅇ 모-ㅇ 카
오후 2시 전까지는 도착해야만 해요.

새로운 낱말

ปีหน้า [삐-나-] 내년 | **จะ** [짜] ~할 것이다, ~하려고 한다 | **พูด** [푸-ㅅ] 말하다 | **ได้** [다이] ~할 수 있다 | **อาจ(จะ)** [아-ㅅ(짜)] 아마 ~할 것이다 | **เชิญ** [처-ㄴ] 권유조동사, ~하십시오(please) | **สนาม** [싸나-ㅁ] 운동장, 광장 | **บิน** [빈] 날다 | **กรุณา** [까루나-] 권유조동사, ~하십시오(please) | **ขับ** [캅] 운전하다 | **รถ** [롯] 차(총칭) | **ถึง** [틍] 도착하다, ~까지, ~에게, ~에 관하여 | **บ่าย** [바-이] 오후 | **โอ เค** [오-케-] OK | **คิด** [킷] 생각하다 | **ว่า** [와-] ~라고, ~같이, 말하다 | **คง(จะ)** [콩(짜)] 아마 ~할 것이다 | **ทัน** [탄] 시간에 대다, 따라잡다, 정각에 | **ก่อน** [꺼-ㄴ] …전에, …에 앞서

A **โอ เค ครับ**
오- 케- 크랍

알겠습니다.

คิดว่าคงจะทันครับ
킷 와- 콩 짜 탄 크랍

아마 제 시간에 댈 거라고 생각합니다.

01 조동사

조동사는 동사 또는 형용사 앞에서 가능, 희망, 의지, 필연 등을 나타낸다. 앞장에서 일부 조동사를 학습한 바 있다. 여기에서는 자주 쓰이는 조동사에 대해 공부해 보기로 하겠다.

① 시제를 나타내는 조동사

• 과거 : **ได้** [다이]

เขาได้ไปดูหนัง 그는 영화를 보러 갔다.
카오다이빠이두-낭

ผมไม่ได้กินข้าว 나는 밥을 먹지 않았다.
폼 마이 다이 낀 카-우

• 과거의 경험 : **เคย** [커-이]

ดิฉันเคยไปประเทศไทย 나는 태국에 간 적이 있다.
디찬 커-이 빠이 쁘라테-ㅅ 타이

เขาไม่เคยทานอาหารไทย 그는 태국 음식을 먹어 본 경험이 없다.
카오 마이커-이 타-ㄴ 아- 하-ㄴ 타이

• 미래 : **จะ** [짜]

ผมจะไปโรงเรียน 나는 학교에 갈 것이다.
폼 짜 빠이 로-ㅇ 리-얀

เขาจะไม่ไปทำงาน 그는 일하러 가지 않을 것이다.
카오 짜 마이 빠이 탐응아-ㄴ

• 진행 : **กำลัง** [깜랑]

เขากำลังอ่านหนังสือ 그는 책을 읽고 있다.
카오 깜 랑 아-ㄴ 낭 쓰-

หิมะกำลังตก 눈이 내리고 있다.
히마 깜 랑 똑

> **หิมะ** 눈

• 완료 : **แล้ว** [래-우], **เพิ่ง** [프ㅓ-ㅇ]

เขาทานข้าวแล้ว 그는 밥을 먹었다.
카오 타-ㄴ카-우 래-우

ผมเพิ่งมาถึง — 나는 방금 도착했다.
폼 퍼^-ㅇ마-틍

② 마땅한 것을 나타내는 조동사

• ~해야만 한다 : **ต้อง** [떠^-ㅇ], **จะต้อง**[짜떠^-ㅇ], **จำเป็นต้อง** [짬 뻰 떠^-ㅇ], **ควร** [쿠-언]

คุณต้องทานยาทุกวัน — 당신은 매일 약을 먹어야 한다.
쿤 떠^-ㅇ 타-ㄴ 야-툭 완

คุณจำเป็นต้องอ่านข่าวเรื่องนี้ — 당신은 이 뉴스를 읽어야 한다.
쿤 짬 뻰 떠^-ㅇ 아-ㄴ 카-우르^-앙 니-

พวกเราควรไปโรงเรียน — 우리들은 학교에 가야만 한다.
푸^-억 라오쿠-언 빠이로-ㅇ리-얀

คุณไม่ต้องไปที่นั่น — 당신은 그곳에 가서는 안 된다.
쿤 마^이 떠^-ㅇ 빠이 티^-난

คุณพ่อไม่จำเป็นต้องพบคุณ — 아버지는 당신을 만날 필요가 없다.
쿤 퍼^- 마^이 짬 뻰 떠^-ㅇ 폽 쿤

เด็ก ๆ ไม่ควรสูบบุหรี่ — 아이들은 담배를 피워서는 안 된다.
덱 덱 마^이 쿠-언쑤-ㅂ 부리-

พวกเราควรรักษากฎหมาย — 우리들은 법을 지켜야 한다.
푸^-억 라오 쿠-언 락 싸- 꼿 마-이

ยา 약
ทุกวัน 매일
เล่ม 권(수량사)
พวก ~들(복수형)
สูบ 빨다, (담배) 피우다
บุหรี่ 담배
ข่าว 뉴스, 소식
เรื่อง 이야기, 제목, 주제
รักษา 지키다, 유지하다
กฎหมาย 법

③ 의지를 나타내는 조동사

• ~원하다, 희망하다 : **อยาก** [야-ㄱ], **ต้องการ(จะ)** [떠^-ㅇ까-ㄴ(짜)]

ผมอยากซื้อคอมพิวเตอร์ — 나는 컴퓨터를 사고 싶다.
폼 야-ㄱ 쓰- 커-ㅁ 피-우 떠-

ผมต้องการดื่มน้ำ — 나는 물을 마시고 싶다.
폼 떠^-ㅇ 까-ㄴ 드-ㅁ 남

ดิฉันไม่อยากทานข้าว — 나는 밥을 먹고 싶지 않습니다.
디 찬 마^이 야-ㄱ 타-ㄴ카^-우

เขาไม่ต้องการจะคุยกับคุณ — 그는 당신과 대화하기를 원하지 않아요.
카오 마^이떠^-ㅇ 까-ㄴ 짜 쿠이 깝 쿤

คุย 대화하다

④ 개연의 뜻을 나타내는 조동사

• 아마 : **อาจ(จะ)** [아-ㅅ(짜)], **คง(จะ)** [콩(짜)]

เขาอาจจะมาวันนี้ 그는 아마 오늘 올 것이다.
카오 아-ㅅ 짜 마-완니-

เธออาจจะไม่ไปดูหนัง 그녀는 아마 영화보러 가지 않을 것이다.
터- 아-ㅅ 짜 마이 빠이 두-낭

⑤ 명령을 나타내는 조동사

• 명령 : **จง** [쫑], **ซิ** [씨], **เถอะ** [터], **เถิด** [터-ㅅ]

จงดูนี่ 이것을 보세요.
쫑두-니-

ไปซิ 가시오.
빠이씨

กินเถอะ 먹으시오.
낀 터

• 금지 명령 동사 : **อย่า** [야-] (~하지 마세요), **ห้าม** [하-ㅁ] (금지)

อย่าทานข้าวเร็ว ๆ 밥을 빨리 먹지 마세요.
야- 타-ㄴ 카-우 레우 레우

ห้ามจอดรถ 주차 금지
하-ㅁ 쩌-ㅅ 롯

จอด 주차하다

⑥ 권유, 요구, 간청을 나타내는 조동사

• **ขอ** [커-], **กรุณา** [까루나-], **โปรด** [쁘로-ㅅ], **เชิญ** [처-ㄴ], **ขอให้** [커-하이]

ขอเวลาหน่อย 시간 좀 주세요.
커- 외- 라- 너-이

กรุณาขับช้า ๆหน่อย 좀 천천히 운전하세요.
까루나- 캅 차- 차- 너-이

โปรดพูดเร็ว ๆ หน่อย 좀 빨리 말씀해 주세요.
쁘로-ㅅ 푸-ㅅ 레우 레우 너-이

เชิญนั่งครับ
처-ㄴ 낭 크랍

앉으십시오.

ขอให้คุณประสบความสำเร็จ
커-하이 쿤 쁘라 쏩 콰-ㅁ 쌈 렛

당신이 성공하기를 바랍니다.

잠깐만요!

ให้의 용법

① แฟนผมให้ของขวัญแก่ผม (동사) 내 애인이 나에게 선물을 준다.
홰-ㄴ 폼 하이 커-ㅇ 콴 깨- 폼

② ดิฉันจะซื้อให้ (부동사) 내가 사 줄게.
디 찬 짜 쓰- 하이

③ทำอาหารให้อร่อย (사역 조동사) 음식을 맛있게 만들어라.
탐 아- 하-ㄴ 하이아러-이

02 โอเค [오-케-]

태국어에서 간단하지만 다른 사람이 뭔가를 물을 때 대답하는 표현방식으로 다음과 같은 것들이 있다.

โอเค
오-케-

오케이(OK)

ดี
디-

좋다

ทราบแล้ว
싸-ㅂ 래-우

알았다

ได้
다이

가능하다(할 수 있다)

เข้าใจแล้ว
카오 짜이래-우

이해했다

ตกลง
똑 롱

동의한다

핵심 포인트

03 คิดว่า [킷 와-]

คิดว่า(~라고 생각하다)는 태국인들과의 대화 시 자주 사용하는 말로 자기의 생각이나 견해를 나타낼 때 사용한다. **คิดว่า** 외에 **รู้สึกว่า** [루-쓱와-](~라고 느끼다), **เข้าใจว่า** [까오짜이와-](~라고 이해되다), **เห็นว่า** [헨와-](~라고 보여지다) 등도 자주 사용하는 표현이다.

ผมคิดว่าเขาเป็นคนไทย
폼 킷 와- 카오 뻰 콘 타이
나는 그가 태국인이라고 생각한다.

ดิฉันรู้สึกว่าอาจารย์ไม่สบาย
디 찬 루-쓱 와- 아- 짜-ㄴ마이 싸바-이
나는 교수님이 아프시다고 느낀다.

ผมเห็นว่าคุณไม่ควรไปที่นั่น
폼 헨 와- 쿤 마이쿠-언빠이 티-난
나는 당신이 그곳에 갈 필요가 없다고 보여진다.

깐짜나부리

잠깐만요!

쇼핑 시 알아두면 유용한 표현

ขอโทษ อยากซื้อ - 커- 토-ㅅ 야-ㄱ 쓰-	실례합니다만, ~을 사고 싶은데요.
ขอดูอย่างอื่นอีก 커-두-야-ㅇ으-ㄴ이-ㄱ	다른 것을 더 보여 주세요.
มีสีอะไรบ้าง 미-씨-아라이바-ㅇ	무슨 색이 있나요.
มีถูกกว่านี้ไหม 미-투-ㄱ꽈-니-마이	이것보다 싼 것 있나요?
มีใหญ่(เล็ก)กว่านี้ไหม 미- 야이 (렉) 꽈- 니- 마이	이것보다 큰(작은) 것 있나요?
ขอลด(กว่านี้)อีกหน่อย 커- 롯 (꽈-니-) 이-ㄱ 너-이	(이보다) 좀 더 싸게 해 주세요.
ขอห่อเป็นชิ้นละอันหน่อย 커- 허- 뻰 친 라 안 너-이	따로따로 포장해 주세요.
ทั้งหมดเท่าไร 탕 못 타오 라이	전부 얼마죠?
รับเงินเกาหลีไหม 랍 응어-ㄴ 까오리- 마이	한화 받습니까?
ขอใบเสร็จรับเงิน 커-바이 쎗 랍 응어-ㄴ	영수증을 주세요.

ขอโทษ 죄송하다, 미안하다 | **อื่น** 다른 | **ห่อ** 포장하다 | **ชิ้น** 덩어리, 조각 | **ทั้งหมด** 전부 | **รับ** 받다 | **ใบเสร็จรับเงิน** 영수증 | **อีก** 더

ไปซื้อของ (쇼핑가기 2)

빠이 쓰- 커-ㅇ

A ยินดีต้อนรับ คุณต้องการอะไรครับ

yin 디- 떠-ㄴ 랍 쿤 떠-ㅇ 까-ㄴ 아 라이 크랍

B ขอดูเสื้อสีขาวตัวนั้นหน่อยค่ะ ลองใส่ดูได้ไหมคะ

커- 두- 쓰-아 씨- 카-우 뚜-어 난 너-이 카 러-ㅇ 싸이 두-다이 마이 카

A ได้ครับ

다이 크랍

B รู้สึกว่าตัวนี้เล็กเกินไป

루- 쓱 와- 뚜-어 니- 렉 끄어-ㄴ 빠이

A งั้นลองใส่ตัวนี้ดูไหมครับ

응안 러-ㅇ 싸이 뚜-어 니-두- 마이 크랍

B ตัวนี้เหมาะกับดิฉัน

뚜-어니- 머 깝 디 찬

ดิฉันจะเอาตัวนี้ค่ะ ราคาเท่าไรคะ

디 찬 짜 아오 뚜-어 니- 카 라- 카- 타오 라이 카

A 250 บาทครับ

써-ㅇ러-이하-씹바-ㅅ크랍

B แพงเกินไป ลดได้ไหมคะ

패-ㅇ 끄어-ㄴ 빠이 롯 다이 마이 카

A ลดไม่ได้ครับ นี่เป็นราคาพิเศษแล้ว

롯 마이 다이 크랍 니- 뻰 라- 카- 피 쎄-ㅅ 래-우

A 환영합니다. 당신은 무엇을 원하십니까?

B 저 흰색의 옷 좀 보여 주세요. 입어 봐도 됩니까?

A 네.

B 이것은 너무 작은 것 같군요.

A 그러면, 이것을 입어 보세요.

B 이것이 나에게 맞습니다.
저는 이것으로 할게요. 얼마죠?

A 250바트입니다.

B 너무 비싸군요. 깎을 수 있습니까?

A 깎을 수 없습니다. 이게 특별 가격인데요.

어구정리

ต้อนรับ [떠-ㄴ랍] 환영하다 | **สี** [씨-] 색 | **ขาว** [카-우] 하얗다 | **ลอง** [러-ㅇ] 시도하다, 해 보다, 노력하다 | **งั้น** [응안] 그러면, 그렇다면 | **เหมาะ** [머] 적당하다, 적합하다, 어울리다 | **เอา** [아오] 가지다, 원하다, 취하다 | **ลด** [롯] 깎다, 줄어들다 | **พิเศษ** [피쎄-ㅅ] 특별한

포인트

01 여러 가지 색

สีขาว 씨ˇ-카ˇ-우	하얀색	**สีแดง** 씨ˇ-대ˉ-ㅇ	빨간색
สีดำ 씨ˇ-담	검은색	**สีเทา** 씨ˇ-타ˉ오	회색
สีน้ำเงิน 씨ˇ-남응어ˉ-ㄴ	남색	**สีน้ำตาล** 씨ˇ- 남 따ˉ-ㄴ	갈색
สีเหลือง 씨ˇ-르ˇ-앙	노란색	**สีม่วง** 씨ˇ-무ˆ-엉	자주색
สีเขียว 씨ˇ-키-ˇ야우	녹색	**สีชมพู** 씨ˇ-촘푸ˉ-	분홍색

02 ลอง [러ˉ-ㅇ]

ลอง은 「~(시도)해 보다」의 의미로 쓰인다.

ลองดู 러ˉ-ㅇ 두ˉ-	시도해 보다	**ลองกินดู** 러ˉ-ㅇ 낀 두ˉ-	먹어 보다
ลองคิดดู 러ˉ-ㅇ 킷 두ˉ-	생각해 보다	**ลองชิมดู** 러ˉ-ㅇ 침 두ˉ-	맛보다
ลองใส่ดู 러ˉ-ㅇ 싸이 두ˉ-	입어 보다	**ลองฟังดู** 러ˉ-ㅇ 황 두ˉ-	들어 보다

ชิม 맛보다

03 เอา [아ˉ오]

เอา는 「~을 가지다」, 「~을 취하다」, 「~을 원하다」등의 의미 외에도 의사를 묻는 의문문에 긍정이나 부정을 나타낼 때도 쓰인다.

ไปดูหนังกันไหม 빠ˉ이두ˉ- 낭 깐 마ˇ이	함께 영화 보러 가겠습니까?
เอา / ไม่เอา 아ˉ오 / 마ˆ이 아ˉ오	좋습니다./괜찮습니다(아닙니다).

1 다음 ( ) 안에 알맞은 조동사를 보기에서 골라 써 넣으시오.

보기	ต้อง	ได้	อยาก	เป็น
	เคย	อย่า	เชิญ	

① ( ) นั่งครับ

앉으세요.

② คุณ( ) เสียภาษีทุกปี

당신은 매년 세금을 내야 합니다.

③ คุณเขียนภาษาไทย( ) ไหมคะ

당신은 태국어를 쓸 줄 아십니까?

④ เขา( ) ทานอาหารเกาหลี

그는 한국음식을 먹어 본 적이 있습니다.

⑤ คุณแม่( ) ให้คุณอยู่ที่นี่นาน ๆ

어머니는 당신이 이 곳에 오랫동안 머무르기를 원하십니다.

⑥ ( ) เสียเวลา

시간을 낭비하지 말아라.

⑦ เขาสามารถถ่ายรูป ( )

그는 사진을 찍을 수 있다.

알아둡시다

เสื้อผ้า (의복)

쓰^-아 파^-

Part 14

ผมพาน้องชายไปดูหนัง

나는 남동생을 데리고 영화 보러 간다.

방향동사

방향동사란 어떤 동사(주동사)의 작용이나 상태를 완결시켜 주는 역할을 하는 동사를 말한다.

핵심포인트

폼 파– 너́–ㅇ 차–이 빠이 두– 낭

ผม พา น้องชาย ไปดู หนัง 나는 동생을 데리고 영화 보러 간다.

① ③ ② ⑤ ④ / ① ② ③ ④ ⑤

쿤 매– 카오 빠이 나이 허–ㅇ

คุณแม่ เข้าไป ในห้อง 어머니는 방안으로 들어가신다.

① ④ ⑤ ③ ② / ① ② ③ ④ ⑤

아오 남 마–

เอา น้ำ มา 물을 가져 와라.

② ① ③ / ① ② ③

기본 회화

A **คุณเรียนภาษาไทยมากี่ปีแล้ว**
쿤 리-얀 파- 싸- 타이 마- 끼- 삐- 래-우
당신은 태국어를 배워온 지 몇 년 되었습니까?

B **ดิฉันเรียนภาษาไทยมา**
디 찬 리-얀 파- 싸- 타이 마-
저는 태국어를 배워온 지 3년

สามปีแล้ว
싸-ㅁ 삐- 래-우
되었습니다.

A **คุณจะอยู่ประเทศ**
쿤 짜 유- 쁘라 테-ㅅ
당신은 태국에 얼마나 오랫동안

ไทยนานเท่าไรครับ
타이 나-ㄴ 타오 라이 크랍
머무르실 예정입니까?

B **ดิฉันจะอยู่ประมาณ**
디 찬 짜 유- 쁘라 마-ㄴ
저는 약 2개월 머무를 겁니다.

สองเดือนค่ะ
써-ㅇ 드-안 카

새로운 낱말

พา [파-] 데리고 ~하다 | **เข้า** [카오] 들어가다(오다), 참가하다, 어울리다 | **เอา** [아오] 가지다, 취하다, 원하다 | **นาน** [나-ㄴ] 오랫동안 | **ประมาณ** [쁘라마-ㄴ] 약, 대략 | **ฝน** [혼] 비 | **ตก** [똑] 떨어지다, (비, 눈) 내리다 | **ร่ม** [롬] 우산

A **วันนี้ฝนตกตั้งแต่เช้า** 오늘은 아침부터 비가 오고 있습니다.
완 니- 혼 똑 땅 때- 차오

คุณเอาร่มมาหรือเปล่าครับ 당신은 우산을 가지고 왔습니까?
쿤 아오 롬 마- 르- 쁘라오 크랍

B **ดิฉันลืมไปค่ะ ไม่ได้เอามา** 저는 잊었습니다. 가져오지 않았습니다.
디 찬 르-ㅁ 빠이 카 마이 다이 아오 마-

01 방향동사

방향동사란 어떤 동사(주동사)의 작용이나 상태를 완결시켜주는 역할을 하는 동사를 말한다. 다시 말하면 어떤 동사를 다른 동사 전 · 후에 붙여 더욱 그 의미를 명료하게 하거나 혹은 그 동작의 이유를 설명해 준다는 것이다. 이러한 기능을 가진 동사를 방향동사 혹은 부동사, 2차 동사라고 한다. 태국어의 부동사는 다음과 같으며, 주의할 점은 동사가 목적어를 가지면 부동사는 분리된다는 것이다.

① 가다 : **ไป** [빠이]

คุณแม่ขึ้นไปบนรถไฟ 어머니는 기차 위에 오르신다.
쿤 매- 큰 빠이 본롯 화이

เชิญเข้าไปข้างในครับ 안으로 들어가세요.
처-ㄴ카오 빠이카-ㅇ나이크랍

② 오다 : **มา** [마-]

เขาพาเพื่อนมาที่บ้านผม 그는 친구를 데리고 나의 집에 왔다.
카오파- 프-안 마- 티-바-ㄴ 폼

เชิญเข้ามาข้างใน 안으로 들어오세요.
처-ㄴ카오마-카-ㅇ나이

③ 오르다 : **ขึ้น** [큰]

สวยขึ้น 예뻐지다
쑤-어이큰

ดีขึ้น 좋아지다, 향상되다
디-큰

ขยันขึ้น 부지런해지다
카 얀 큰

เก่งขึ้น 나아지다, 향상되다
께-ㅇ 큰

> **ขยัน** 열심이다, 부지런하다
> **เก่ง** 잘하다

④ 내리다 : **ลง** [롱]

อากาศเย็นลง 날씨가 차가워지다.
아-까-ㅅ 옌 롱

ผู้ชายคนหนึ่งตกลงไปในแม่น้ำ 남자 한 명이 강에 빠지다.
푸- 차-이 콘 능 똑 롱 빠이 나이 매- 남

ผอมลง 마르다, 홀쭉해지다.
퍼-ㅁ 롱

อากาศ 날씨, 공기
ตก 떨어지다, 내리다
ผอม 마르다, 홀쭉하다

⑤ 해두다 : ไว้ [와이]

ตำรวจจับขโมยไว้ 경찰이 도둑을 잡아두다.
땀루-엇 짭 카 모-이 와이

เก็บเงินไว้ 돈을 모아두다.
껩응어-ㄴ와이

จับ 잡다
เก็บ 모으다

⑥ 잃다, 상하다 : เสีย [씨-야]

ทิ้งขยะเสีย 쓰레기를 버리다.
팅 카야 씨-야

ทานยาเสีย 약을 먹어버리다.
타-ㄴ야-씨-야

ทิ้ง 버리다
ขยะ 쓰레기

⑦ 주다 : ให้ [하이]

ครูสอนภาษาไทยให้เรา 선생님은 우리에게 태국어를 가르쳐 주신다.
크루-써-ㄴ파-싸-타이하이라오

ผมจะบอกให้เขา 내가 그에게 말해 줄게.
폼 짜 버-ㄱ 하이 카오

บอก 말하다

⑧ 존재하다 : อยู่ [유-]

เขากินข้าวอยู่ 그는 밥을 먹고 있다.
카오 낀 카-오 유-

ผมมีตุ๊กตาอยู่หลายตัว 나는 여러 개의 인형을 가지고 있다.
폼 미-뚝까따- 유-라-이뚜-어

หลาย 여러
ตุ๊กตา 인형

การไปเยี่ยม (방문)

까-ㄴ 빠이 이-얌

A สวัสดีครับ

싸왓 디- 크랍

นี่เป็นห้องทำงานคุณสมชายใช่ไหมครับ

니- 뻰 허-ㅇ 탐 응아-ㄴ 쿤 쏨 차-이 차이 마이 크랍

B ใช่ค่ะ คุณมาจากไหนคะ

차이 카 쿤 마- 짜-ㄱ 나이 카

A ผมชื่อคิมยองโฮ มาจากประเทศเกาหลีครับ

폼 츠- 킴 여-ㅇ 호- 마- 짜-ㄱ 쁘라 테-ㅅ 까오 리- 크랍

ขอพบคุณสมชายได้ไหมครับ

커- 폽 쿤 쏨 차-이 다이 마이 크랍

B ได้ค่ะ กรุณารอสักครู่

다이 카 까루 나- 러- 싹 크루-

C โอ้ คุณคิม เชิญข้างในครับ คุณมาถึงเมื่อไรครับ

오- 쿤 킴 처-ㄴ 카-ㅇ 나이 크랍 쿤 마- 틍 므-아 라이 크랍

A มาถึงเมื่อคืนนี้ คุณสบายดีหรือเปล่าครับ

마- 틍 므-아 크-ㄴ 니- 쿤 싸 바-이 디- 르- 쁘라오 크랍

C ครับ สบายดี คุณมีธุระอะไรหรือเปล่าครับ

크랍 싸바-이 디- 쿤 미- 투 라 아 라이 르- 쁘라오 크랍

A คราวนี้มาเที่ยวเฉย ๆ

크라-우니- 마- 티-야 우 처-이처-이

พรุ่งนี้ว่างไหมครับ ผมอยากจะเลี้ยงอาหารเย็น

프룽 니- 와-ㅇ 마이 크랍 폼 야-ㄱ 짜 리-양 아- 하-ㄴ 옌

C ว่างครับ ขอบคุณมากครับ

와-ㅇ 크랍 커-ㅂ 쿤 마-ㄱ 크랍

A 안녕하세요.

이곳이 쏨차이 씨가 근무하는 사무실이지요?

B 네, 당신은 어디서 오셨어요?

A 저의 이름은 김영호입니다. 한국에서 왔어요.

쏨차이 씨를 만날 수 있을까요?

B 물론입니다. 잠깐만 기다리세요.

C 오! 김 선생님 안으로 드시지요. 당신 언제 도착했습니까?

A 어제 저녁에 도착했습니다. 당신 평안하시지요?

C 네, 평안합니다. 당신 무슨 용무 있나요?

A 이번에는 그냥 놀러 왔어요.

내일 시간 있으세요? 제가 저녁 대접하고 싶습니다.

C 시간 있습니다. 감사합니다.

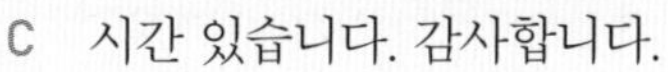

어구정리

เยี่ยม [이-얌] 방문하다, 최고의 | **ห้องทำงาน** [허-ㅇ 탐 응아-ㄴ] 사무실 | **จาก** [짜-ㄱ] ~부터(장소) | **กรุณา** [까루나-] 권유조동사, ~하세요 | **รอ** [러-] 기다리다 | **สักครู่** [싹크루-] 잠깐만, 잠시동안 | **โอ้** [오-] 아! 오!(감탄사) | **เชิญ** [처-ㄴ] ~하세요(권유조동사) | **ข้างใน** [카-ㅇ 나이] 안쪽 | **ถึง** [틍] 도착하다, ~에게, ~에 관해서, ~까지 | **คืน** [크-ㄴ] 밤, 저녁, 야간 | **เมื่อคืนนี้** [므-아크-ㄴ니-] 어제 저녁 | **ธุระ** [투라] 일, 사업, 용무 | **คราว** [크라-우] 번, 경우, 회 | **เฉย ๆ** [처-이 처-이] 그냥, 가만히 있다, 아무 것도 하지 않다 | **เลี้ยง** [리-양] 기르다, 대접하다 | **หรือเปล่า** [르-쁘라오] ~입니까?, 아닙니까?

포인트

01 มาจาก [마-짜-ㄱ]

มาจาก [마-짜-ㄱ]은 「~부터 오다」라는 의미 외에 「~출신이다」라는 의미로도 쓰인다.

คุณมาจากไหน 당신 어디서 오는 길이냐?
쿤 마- 짜-ㄱ 나이

ผมมาจากโรงเรียน 나는 학교에서 오는 길이야.
폼 마- 짜-ㄱ 로-ㅇ 리-얀

เขามาจากไหน 그는 어디에서 왔니?(어느 나라 사람이니?)
카오 마- 짜-ㄱ 나이

มาจากประเทศเกาหลี 한국에서 왔어.
마- 짜-ㄱ 쁘라테-ㅅ 까오 리-

02 ถึง [틍]

ถึง [틍]은 「도착하다」라는 뜻 이외에도 여러 가지 다양한 의미를 가지고 있다.

• 이르다, 도착하다

นักเรียนทุกคนมาถึงแล้ว 학생들 모두가 도착했다.
낙 리-얀 툭 콘 마- 틍 래-우

คุณพ่อมาถึงกรุงเทพ 아버지가 방콕에 도착하셨다.
쿤 퍼- 마- 틍 끄룽 테-ㅂ

> **กรุงเทพ** 방콕

• ~까지

เขาอ่านหนังสือถึงหน้าที่สามสิบเอ็ด
카오 아-ㄴ 낭 쓰- 틍 나- 티- 싸-ㅁ 씹 엣
그는 책을 31페이지까지 읽었다.

> **หน้า** 페이지, 계절, 얼굴, …앞

จากกรุงโซลถึงเมืองกวางจู
짜-ㄱ 끄룽 쏘-ㄴ 틍 므-앙 꽈-ㅇ 쭈-
서울에서 광주까지

• ~에게

เขาโทรถึงผม 그가 나에게 전화한다.
카오 토- 틍 폼

• ~에 관해서

อาจารย์พูดถึงวัฒนธรรมไทย
아- 짜-ㄴ 푸-ㅅ 틍 왓 타 나 탐 타이
교수님이 태국문화에 관해 말씀하신다.

วัฒนธรรม 문화

03 감탄사

태국어의 감탄사는 문장 앞이나 뒤 아무데나 올 수 있으며, 용도에 따른 분류는 아래와 같다.

① 부르는 소리, 주의를 환기시킬 때

เฮ้ย 이런! 야아! 어이!
허-이

เว้ย 야!
워-이

นี่แน่ 이것봐! 잠깐!
니-내-

② 노여울 때

ชิ 첫! 쯧!
치

แหม่ 이런!
매-

③ 기괴한 일, 놀랐을 때

เฮ๊ะ 에! 에이!
헤

ตายจริง 아이쿠! 아차!
따-이 찡

เอ 에! 으응!
에-

แหม 어머나!
매-

โอ 야아! 그래!
오-

อุ๊ย 아이고!
우이

포인트

④ 슬픔, 비애, 탄식을 발하는 소리

โธ่ 토^-	제발! 아아!	พุทโธ่ 풋́ 토^-	오호!

⑤ 기쁨을 발하는 소리

ไชโย 차̄이요̄-	만세!

⑥ 이해했거나 생각이 났을 때

อ้อ 어^-	그래!	อ๋อ 어ˇ-	어- 어!

⑦ 의심스러운 놀라움을 나타내는 소리

หือ 흐ˇ-	뭐!

⑧ 고통을 발하는 소리

อุ๊ย 우́이	야아!	โอ๊ย 오́-이	오-이!

⑨ 불만 또는 기이할 때

ฮึ 흐́	흥!

1 다음 글의 (　　) 안에 알맞은 부동사(방향동사)를 넣으시오.

① ดิฉันกินข้าว (　　　　　　　　　　) แล้ว

나는 밥을 먹었습니다.

② คุณหนัก (　　　　　　　　　　) 3 กิโล

당신은 체중이 3킬로 늘었다.

③ ส่งของ (　　　　　　　　　　) แก่เขา

그에게 물건을 보내라.

④ เขาวางหนังสือ (　　　　　　　　　　) บนโต๊ะ

그는 책을 책상 위에 놓아 두었다.

⑤ เชิญขึ้น (　　　　　　　　　　) ข้างบน

위로 올라가세요.

ห้อง (방)

허-ㅇ

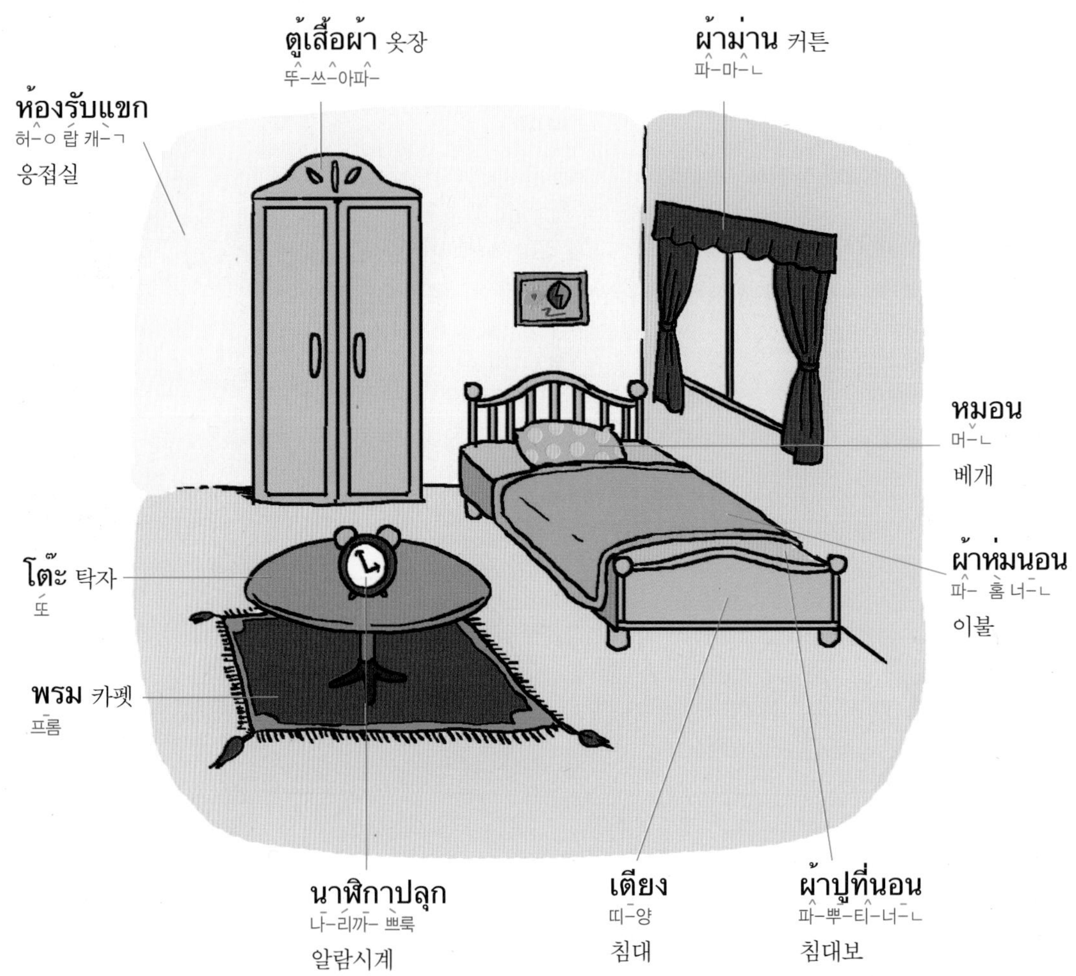
ตู้เสื้อผ้า 옷장
뚜-쓰-아파-
ผ้าม่าน 커튼
파-마-ㄴ
ห้องรับแขก
허-ㅇ 랍 캐-ㄱ
응접실
หมอน
머-ㄴ
베개
โต๊ะ 탁자
또
ผ้าห่มนอน
파- 홈 너-ㄴ
이불
พรม 카펫
프롬
นาฬิกาปลุก
나-리까- 쁘룩
알람시계
เตียง
띠-양
침대
ผ้าปูที่นอน
파-뿌-티-너-ㄴ
침대보

Part 15

เขาอยู่ในห้องเรียน

그는 교실에 있습니다.

전치사

태국어의 전치사는 명사, 대명사, 동사, 형용사 등 다른 품사 앞에 위치하며 다른 말과의 연결을 맺고 장소, 시간, 인칭, 방향, 목적, 수단 등과 관련되어 사용된다.

핵심포인트

카̌오 유̀- 나̄이 허̂-ㅇ 리̄-얀
เขา อยู่ ในห้องเรียน
① ④ ③ ②

그는 교실에 있습니다.
① ② ③ ④

쿤 퍼̂- 빠̄이 티̂- 쁘라테̂-ㅅ 타̄이
คุณพ่อไปที่ประเทศไทย
① ④ ③ ②

아버지는 태국에 가십니다.
① ② ③ ④

터̄- 마̄- 짜̀-ㄱ 로̄-ㅇ 리̄-얀
เธอ มา จาก โรงเรียน
① ④ ③ ②

그녀는 학교에서 옵니다.
① ② ③ ④

기본회화

A **คุณทำงานที่ไหนครับ**
쿤 탐 응아-ㄴ 티- 나이 크랍

당신은 어디에서 일합니까?

B **ดิฉันทำงานที่**
디 찬 탐 응아-ㄴ 티-

ธนาคารกรุงเทพค่ะ
타 나- 카-ㄴ 끄룽 테-ㅂ 카

저는 방콕은행에서 일합니다.

A **จากที่บ้านถึงที่ทำงาน**
짜-ㄱ 티- 바-ㄴ 틍 티- 탐 응아-ㄴ

ไกลไหมครับ
끄라이 마이 크랍

집에서부터 근무지까지 멉니까?

B **ไม่ค่อยไกลค่ะ**
마이 커-이 끄라이 카

그다지 멀지 않습니다.

เดินไปสักสิบนาทีก็ถึง
더-ㄴ 빠이 싹 씹 나- 티- 꺼- 틍

약 10분 정도 걸어가면 도착합니다.

새로운 낱말

ใน [나이] ~안에, ~속에, ~에 | **ที่** [티-] ~에 | **จาก** [짜-ㄱ] ~부터 (장소, 인칭) | **ธนาคาร** [타나-카-ㄴ] 은행 | **กรุงเทพ** [끄룽테-ㅂ] 방콕 | **ถึง** [틍] ~까지(시간, 장소), ~에게, ~에 관하여, 도착하다 | **ไม่ค่อย....** [마이커-이] 그다지 ~하지 않다 | **ไกล** [끄라이] 멀다 | **ใกล้** [끄라이] 가깝다 | **สัก** [싹] ~만큼, ~정도 | **เดียว** [디-야우] 유일하다, 하나의 | **คนเดียว** [콘 디-야우] 혼자 | **เปล่า** [쁘라오] 아니요!, 그렇지 않아요!(부정사) | **เปิด** [뻐-ㅅ] 열다 | **ตั้งแต่** [땅때-] ~부터 (시간)

A **คุณไปคนเดียวหรือครับ** 당신은 혼자 가십니까?
쿤 빠이 콘 디-야우 르- 크랍

B **เปล่าค่ะ ดิฉันไปกับเพื่อนค่ะ** 아니요, 저는 친구와 함께 갑니다.
쁘라오 카 디 찬 빠이 깝 프-안 카

A **ธนาคารเปิดตั้งแต่กี่โมงครับ** 은행은 몇 시부터 엽니까?
타 나- 카-ㄴ 뻐-ㅅ 땅 때- 끼- 모-ㅇ 크랍

B **เปิดตั้งแต่เก้าโมงครึ่งค่ะ** 9시 30분부터 엽니다.
뻐-ㅅ 땅 때- 까오 모-ㅇ 크릉 카

태국어의 전치사는 명사, 대명사, 동사, 형용사 등 다른 품사 앞에 위치하며 다른 말과의 연결을 맺고 장소, 시간, 인칭, 방향, 목적, 수단 등과 관련되어 사용한다.

01 장소와 관련된 전치사

• ~에, ~에서, ~로 : **ที่** [티̂-]

ดิฉันอยู่ที่กรุงเทพ 나는 방콕에서 삽니다.
디̀찬̌ 유̀- 티̂-끄룽 테-ㅂ̂

คุณพ่อไปที่ประเทศไทย 아버지는 태국으로 가신다.
쿤 퍼̂- 빠이 티̂- 쁘̀라테̂-ㅅ 타이

• ~에, ~안에 : **ใน** [나이]

น้องชายของผมอยู่ในห้อง 나의 남동생은 방 안에 있다.
너́-ㅇ 차-이 커̌-ㅇ 폼̌ 유̀- 나이허̂-ㅇ

เขาอ่านหนังสือในห้องสมุด 그는 도서관에서 책을 읽는다.
카̌오 아̀-ㄴ 낭̌ 쓰̌-나이 허̂-ㅇ 싸뭇̀

※ 일반적으로 **ที่** [티̂-]는 넓은 장소를, **ใน** [나이]는 좁은 장소를 나타낼 때 쓰인다.

• ~로부터, ~에서 : **จาก** [짜̀-ㄱ]

จดหมายนี้มาจากเกาหลี 이 편지는 한국으로부터 왔다.
쫏̀ 마̌이 니́- 마- 짜̀-ㄱ 까오리̌-

จดหมาย 편지

คุณมาจากที่ไหน 당신은 어디서 오는 길입니까?
쿤 마- 짜̀-ㄱ 티̂- 나̌이

• ~까지 : **ถึง** [틍̌]

จากกรุงโซลถึงเมืองปูซาน 서울에서 부산까지
짜̀-ㄱ 끄룽 쏘-ㄴ 틍̌ 므-앙 뿌-싸-ㄴ

02 시간을 나타내는 전치사

• ~에 : ใน [나이]

ในวันเสาร์ผมไม่ทำงาน 토요일에 나는 일을 하지 않습니다.
나이 완 싸오 폼 마이탐응아-ㄴ

ในปีนี้ดิฉันจะทำเรื่องนี้ให้เสร็จอย่างแน่นอน
나이 삐-니- 디찬 짜 탐 르-앙 니- 하이 쎗 야-ㅇ 내- 너-ㄴ
올해에 나는 이 일을 반드시 끝낼 것이다.

อย่างแน่นอน 틀림없이

• ~안에 : ภายใน [파-이나이]

เขาจะมาที่นี่ภายในสองหรือสามวัน
카오 짜 마-티-니-파-이나이써-ㅇ르- 싸-ㅁ 완
그는 2, 3일 안에 이곳에 올 것이다.

อาจารย์ครับ ผมจะส่งการบ้านภายในพรุ่งนี้อย่างแน่นอน
아-짜-ㄴ 크랍 폼 짜 쏭 까-ㄴ 바-ㄴ파-이나-이 프룽 니-야-ㅇ 내- 너-ㄴ
교수님! 제가 내일 내로 반드시 숙제를 보내겠습니다.

• ~로부터, ~이래 : แต่ [때-], ตั้งแต่ [땅때-]

ตั้งแต่วันนี้ห้ามดื่มเหล้า 오늘부터 술 마시는 것 금지
땅 때- 완 니- 하-ㅁ드-ㅁ 라오

ตั้งแต่วันนั้นเขาไม่โกหกอีกเลย
땅 때- 완 난 카오마이 꼬-혹 이-ㄱ 러-이
그날부터 그는 더 이상 거짓말을 하지 않았다.

ห้าม 금지
โกหก 거짓말하다
เลย (강조 부사) 전혀

• ~동안에, ~사이에 : ระหว่าง [라와-ㅇ]

ในระหว่างผมอยู่ที่นี่ผมอยากไปดูวัด
나이 라와-ㅇ폼 유- 티- 니-폼 야-ㄱ 빠이두-왓
여기 있는 동안에 나는 사원을 보러 가고 싶다.

วัด 사원

อุณหภูมิในเกาหลีหนาวที่สุดในระหว่างเดือนธันวาคมกับเดือนกุมภาพันธ์
운 나 하 푸-ㅁ 나이 까오 리- 나-우 티- 쏫 나이 라 와-ㅇ 드-안 탄 와- 콤 깝 드-안 꿈 파- 판
한국의 기온은 12월과 2월 사이에 가장 춥다.

อุณหภูมิ 기온, 온도
หนาว 춥다
ที่สุด (최상급)가장, 최고

• ~까지 : **ถึง** [틍], **จนถึง** [쫀틍]

เขาคอยจนถึงสว่าง 그는 날이 샐 때까지 기다렸다.
카오 커-이 쫀 틍 싸와-ㅇ

เขาไม่เคยขาดเรียนจนถึงวันสำเร็จจากโรงเรียนประถม
카오 마이커-이 카-ㅅ 리-얀 쫀 틍 완 쌈 렛 짜-ㄱ 로-ㅇ 리-얀 쁘라 톰
그는 초등학교를 졸업할 때까지 결석한 적이 없다.

คอย 기다리다
สว่าง 밝다
ขาดเรียน 결석하다
โรงเรียนประถม 초등학교

• ~전에, ~이전에, ~에 앞서 : **ก่อน** [꺼-ㄴ]

เขามาก่อนผม 그는 나에 앞서 왔다.
카오 마-꺼-ㄴ 폼

ผมไปประเทศไทยมาแล้วก่อนหน้านี้
폼 빠-이 쁘라 테-ㅅ타이 마- 래-우 꺼-ㄴ 나- 니-
일전에 나는 태국에 다녀왔다.

• ~동안, 쭉, 계속해서, 내내 : **ตลอด** [따러-ㅅ]

เขาทำงานที่กรุงเทพมาตลอดสามปี
카오 탐응아-ㄴ티-끄룽테-ㅂ마-따러-ㅅ싸-ㅁ 삐-
그는 방콕에서 3년 동안 일해왔다.

ประเทศไทยมีผลไม้ตลอดทั้งปี
쁘라 테-ㅅ타이미-폰라마이 따러-ㅅ탕 삐-
태국은 1년 내내 과일이 있다.

03 인칭과 관련된 전치사

• ~의〈소유격〉 : **ของ** [커ˇ-ㅇ], **แห่ง** [해ˋ-ㅇ]

รถของเขา 그의 차
롯 커ˇ-ㅇ 카ˇ오

หอสมุดแห่งชาติ 국립도서관
허ˇ- 싸ˋ뭇 해ˋ-ㅇ 차ˆ-ㅅ

※ **แห่ง** [해ˋ-ㅇ]은 주로 관공서에서 많이 쓰인다.

• ~에, ~에게 : **ที่** [티ˆ-], **แก่** [깨ˋ-]

หนังสือเล่มนั้นอยู่ที่ผม 그 책은 나에게 있다.
낭ˇ 쓰ˇ- 레ˆ-ㅁ 난ˊ 유ˋ-티ˆ-폼ˇ

เขาให้หนังสือแก่ผม 그는 나에게 책을 준다.
카ˇ오 하ˆ이 낭ˇ 쓰ˇ- 깨ˋ- 폼ˇ

• ~로부터 : **จาก** [짜ˋ-ㄱ]

ผมได้รับจดหมายจากเพื่อน 나는 친구로부터 편지를 받았다.
폼ˇ 다ˆ이 랍ˊ 쫏ˋ 마ˇ-이 짜ˋ-ㄱ 프ˆ-안

คุณพ่อได้รับเชิญจากมหาวิทยาลัยของดิฉัน
쿤 퍼ˆ- 다ˆ-이랍ˊ 처-ㄴ 짜ˋ-ㄱ 마ˊ하ˇ-윗ˊ 타ˊ야-라ˊ이 커ˇ-ㅇ 디ˋ찬ˇ
아버지는 나의 대학교로부터 초청을 받았다.

• ~보다 더, ~이상으로 : **กว่า** [꽈ˋ-]

ผมมีอายุมากกว่าเขาสามปี 나는 그보다 나이가 세 살 더 많다.
폼ˇ 미-아-유ˊ마ˆ-ㄱ꽈ˋ-카ˇ오 싸ˇ-ㅁ 삐-

อันนี้สวยกว่าอันนั้น 이것이 그것보다 예쁘다.
안 니ˊ- 쑤ˇ-어이 꽈ˋ- 안 난ˊ

※ **ที่**[티ˆ-]와 **จาก**[짜ˋ-ㄱ]은 장소를 나타내는 것 외에 사람, 동물 등 명사나 인칭대명사와 관련되어 사용한다.

04 상태, 태도를 나타내는 전치사

• ~할 정도로, ~하기까지 : **จน** [쫀], **จนกว่า** [쫀 꽈-], **กว่าจะ** [꽈-짜]

เขาดื่มเหล้าจนเมา
카오 드-ㅁ 라오 쫀 마오
그는 취할 정도로 술을 마셨다.

กว่าจะถึงบ้านต้องเดินอีกหนึ่งชั่วโมง
꽈- 짜 틍 바-ㄴ 떠-ㅇ더-ㄴ이-ㄱ능추-어모-ㅇ
집에 도착하기까지 1시간 더 걸어야 한다.

จนกว่าจดหมายนี้จะถึงกรุงเทพใช้เวลากี่วัน
쫀 꽈- 쫏 마-이 니- 짜 틍 끄룽테-ㅂ 차이외-라-끼-완
이 편지가 방콕에 도착하기까지 며칠 걸립니까?

ผมไปไม่ได้จนกว่าคุณพ่อจะอนุญาต
폼 빠이마이다이 쫀 꽈- 쿤 퍼- 짜 아누 야-ㅅ
나는 아버지가 허락하실 때까지 갈 수 없다.

เมา 취하다
ใช้เวลา 시간이 걸리다
อนุญาต 허락하다, 허가하다

• ~에 대해서, ~앞에서 : **ต่อ** [떠-], **ต่อหน้า** [떠-나-]

สุนัขเป็นสัตว์ที่มีประโยชน์ต่อมนุษย์
쑤낙 뻰 쌋 티- 미- 쁘라 요-ㅅ 떠- 마 눗
개는 인간에 대해 유익한 동물이다.

ห้ามสูบบุหรี่ต่อหน้าผู้ใหญ่
하-ㅁ 쑤-ㅂ 부리-떠-나- 푸-야이
어른 앞에서 담배 피우는 것 금지!

สุนัข 개
สัตว์ 동물
ประโยชน์ 유익한, 유용한
มนุษย์ 인간, 인류

• ~에 따라서, ~대로 : **ตาม** [따-ㅁ]

ตามผมมา
따-ㅁ 폼 마-
나를 따라 와라.

ตามพยากรณ์อากาศว่าในปีนี้อากาศจะไม่หนาว
따-ㅁ 파야-꺼-ㄴ아-까-ㅅ와-나이삐-니-아-까-ㅅ짜 마이 나-우
일기예보에 따르면 올해 날씨가 춥지 않을 것이다.

พยากรณ์ 예측하다, 예보하다

• ~몫, ~용의, ~하는 용으로, ~경우 : **สำหรับ** [쌈랍]

นี่เป็นอาหารสำหรับผม 이것은 내 몫의 식사이다.
니- 뻰 아- 하-ㄴ 쌈 랍 폼

มีดเล่มนี้ใช้สำหรับปอกผลไม้
미-ㅅ 레-ㅁ니- 차이 쌈랍 뻐-ㄱ 폰라 마이
이 칼은 과일 깎는 용으로 사용한다.

มีด 칼, 과도
ปอก (과일 등을) 깎다

• ~와 같은, ~처럼 : **เหมือน**[므-안], **ดัง** [당]

เขาร้องเหมือนคนบ้า 그는 미친 사람처럼 소리지른다.
카오 러-ㅇ 므-안 콘 바-

ผมเห็นคนที่ใส่เสื้อเหมือนกับคุณ
폼 헨 콘 티- 싸이 쓰-아 므-안 깝 쿤
나는 당신과 같은 옷을 입은 사람을 보았다.

ร้อง 외치다, 부르다

• ~이외에, ~을 제외하고 : **นอกจาก**[너-ㄱ 짜-ㄱ], **ยกเว้น**[욕와-ㄴ], **เว้นแต่** [와-ㄴ때-]

นอกจากผมใครจะไป 나 외에 누가 갈 것인가?
너-ㄱ 짜-ㄱ 폼 크라이 짜 빠이

ผมทำงานทุกวันเว้นแต่วันหยุด
폼 탐 응아-ㄴ 툭 완 와-ㄴ 때- 완 윳
나는 휴일을 제외하고는 매일 일을 한다.

วันหยุด 휴일

นอกจากภาษาไทยแล้วคุณพูดภาษาอะไรได้อีกบ้าง
너-ㄱ 짜-ㄱ 파-싸- 타이 래-우 쿤 푸-ㅅ파-싸-아라이 다이 이-ㄱ 바-ㅇ
태국어 이외에 당신은 어떤 언어를 말할 수 있어요?

ไม่มีใครสามารถจะทำงานนั้นได้ยกเว้นเขา
마이 미-크라이싸-마-ㅅ짜 탐 응아-ㄴ 난다이 욕 와-ㄴ 카오
그를 제외하고 그 일을 할 수 있는 사람은 없다.

• ~으로, ~로서〈지위, 위치, 신분, 자격, 종류〉 : **เป็น** [뻰]

เขาเขียนจดหมายเป็นภาษาไทย 그는 태국어로 편지를 쓴다.
카오 키-얀 쫏 마-이 뻰 파- 싸- 타이

เราได้เชิญท่านมาเป็นอาจารย์ที่ปรึกษา
라오 다이 처-ㄴ 타-ㄴ마- 뻰 아-짜-ㄴ 티- 쁘륵 싸-
우리는 그 분을 지도교수로 초청했다.

เชิญ 초청하다
อาจารย์ที่ปรึกษา 지도교수

• ~면, ~분야, ~방향, ~편 : **ทางด้าน** [타-ㅇ 다^ㄴ]

เขาเรียนทางด้านภาษาศาสตร์ 그는 언어학 분야를 공부한다.
카ˇ오 리-얀 타-ㅇ 다^ㄴ 파- 싸ˇ- 싸ˋㅅ

ช่วยส่งพัสดุนี้ไปทางไปรษณีย์
추^어이 쏭ˋ파싸두니-빠이타-ㅇ쁘라이 싸ˇ니-
이 소포를 우편으로 보내 주세요.

> ศาสตร์ 학(學)
> พัสดุ 소포
> ไปรษณีย์ 우편

• ~대신에 : **แทน** [태-ㄴ]

เขาไปที่นั่นแทนผม 그가 나 대신에 그곳에 간다.
카ˇ오 빠이 티^-난^ 태-ㄴ 폼ˇ

เขาเข้าที่ประชุมแทนประธาน
카ˇ오 카^오 티^- 쁘라 춤 태-ㄴ 쁘라 타-ㄴ
그는 사장 대신에 회의에 들어갔다.

> ประชุม 회의
> ประธาน 의장, 사장

05 수단, 재료를 나타내는 전치사

• ~로써(재료) : **ด้วย** [두-^어이]

เรากินข้าวด้วยช้อน
라오 낀 카^-우 두-^어이처-ㄴ
우리는 숟가락으로 밥을 먹는다.

บ้านในสมัยโบราณมักจะสร้างด้วยไม้
바^-ㄴ 나이 싸ˇ 마이 보-라-ㄴ 막 짜 싸^-ㅇ두-^어이마이
고대 시대에 집은 대개 나무로 지어졌다.

> ช้อน 숟가락
> สมัย 시대
> โบราณ 고대
> มักจะ 대개, 일반적으로
> สร้าง 건설하다
> ไม้ 나무

• ~로(수단), 편으로 : **โดย** [도-이]

เขาไปประเทศไทยโดยเครื่องบิน 그는 비행기로 태국에 간다.
카ˇ오 빠이 쁘라테^-ㅅ 타이 도-이 크르^-앙 빈

เขาขนส่งของมาจากกรุงเทพโดยรถยนต์
카ˇ오 콘ˇ 쏭ˋ 커ˇ-ㅇ 마-짜ˋ-ㄱ 끄룽 테^-ㅂ 도-이 롯 욘
그는 방콕에서 승용차편으로 물건을 운반해 왔다.

> ขนส่ง 운반하다, 운송하다
> รถยนต์ 승용차

06 비교 전치사

• ~처럼 : เหมือน [므̌-안], อย่าง [야̀-ㅇ], ราวกับ [라-우깝̀]

เขากินข้าวเร็วเหมือนผม
카̌오 낀 카̂-우 레우 므̌-안 폼̌
그는 나처럼 밥을 빨리 먹는다.

เขาพูดราวกับอาจารย์
카̌오 푸̂-ㅅ 라-우깝̀ 아-짜-ㄴ
그는 마치 교수처럼 말을 한다.

เขาทำตัวราวกับเป็นผู้ใหญ่
카̌오 탐 뚜-어 라-우깝̀ 뻰 푸̂- 야̀이
그는 어른처럼 행동한다.

วันเวลาผ่านไปอย่างลูกธนู
완 외-라-파̀-ㄴ 빠이야̀-ㅇ루̂-ㄱ타 누-
세월이 화살처럼 지나간다.

07 기타 전치사

• ~와, ~같이 : กับ [깝̀]

คุณพ่อไปดูหนังกับคุณแม่
쿤 퍼̂- 빠이 두- 낭̌ 깝̀ 쿤 매̂-
아버지는 어머니와 함께 영화 보러 가십니다.

ผมเห็นกับตา
폼̌ 헨̌ 깝̀ 따-
나는 눈으로 보았다.

ตา 눈

• ~을 위하여 : เพื่อ [프̂-아]

คุณทำงานเพื่อใคร
쿤 탐 응아-ㄴ프̂-아 크라이
당신은 누구를 위해 일을 하십니까?

คุณพ่อซื้อหนังสือเพื่อให้ผม
쿤 퍼̂- 쓰́- 낭̌쓰̌- 프̂-아 하̂이 폼̌
아버지는 나에게 주기 위해 책을 사신다.

• ~에 관하여 : **เกี่ยวกับ** [끼–야우 깝], **ถึง** [틍]

ผมเรียนเกี่ยวกับประวัติศาสตร์ไทย
폼 리–얀 끼–야우 깝 쁘라 와 띠 싸–ㅅ 타이
나는 태국 역사에 관해 공부한다.

เขาพูดถึงความหลังของผม
카오 푸–ㅅ틍 콰–ㅁ 랑 커–ㅇ 폼
그는 나의 과거에 대해 말을 한다.

ประวัติศาสตร์ 역사
ความหลัง 과거, 배경

※ 앞에 언급된 전치사들 외에 아래의 전치사들은 명사와 결합되어 부사구를 형성하여 보다 구체적인 장소를 나타낸다.

• 위 : **บน** [본]

น้องสาวอยู่ชั้นบน 여동생은 윗층에 있다.
너–ㅇ 싸–우 유– 찬 본

เขานอนบนเตียง 그는 침대 위에 눕는다.
카오 너–ㄴ 본 띠–양

เตียง 침대

• 아래 : **ใต้** [따이]

หมานอนใต้ต้นไม้ 개가 나무 밑에서 잔다.
마– 너–ㄴ 따이 똔 마이

หนังสืออยู่ใต้โต๊ะ 책은 상 밑에 있다.
낭 쓰– 유– 따이 또

หมา 개
นอน 눕다, 자다
ต้นไม้ 나무

• 안 : **ใน** [나이]

คุณแม่อยู่ในห้องครัว 어머니는 주방 안에 계십니다.
쿤 매– 유–나이허–ㅇ크루–어

ปลาอยู่ในบ่อน้ำ 물고기가 우물(연못)에 있다.
쁘라–유– 나이 버– 남

ห้องครัว 주방
บ่อน้ำ 우물, 연못

• 밖 : นอก [너^-ㄱ]

คุณพ่อไปนอกเมือง 아버지는 교외에 가신다.
쿤 퍼^- 빠-이 너^-ㄱ 므-앙

เขาออกไปข้างนอก 그는 외출한다.
카ˇ오 어`-ㄱ 빠-이 카^-ㅇ너^-ㄱ

• 앞 : หน้า [나^-]

เขาคอยอยู่หน้าบ้าน 그는 집 앞에서 기다리고 있다.
카ˇ오 커-이 유`- 나^- 바^-ㄴ

คอย 기다리다

ร้านอาหารฝรั่งอยู่หน้ามหาวิทยาลัย
라´-ㄴ 아-하ˇ-ㄴ화랑 유`- 나^- 마´ 하ˇ-윗 타´ 야- 라-이
서양 음식점은 대학교 앞에 있다.

• 옆 : ข้าง [카^-ㅇ]

เขานั่งข้างผม 그는 내 옆에 앉는다.
카ˇ오 낭^ 카^-ㅇ 폼ˇ

นั่ง 앉다

ต้นไม้ข้างบ้าน 집 옆에 나무
똔^ 마´이카^-ㅇ바^-ㄴ

• 가운데, 중앙 : กลาง [끄라-ㅇ]

รถคันนั้นจอดอยู่กลางถนน 그 차는 도로 한가운데 주차해 있다.
롯´ 칸 난´ 쩌`-ㅅ 유`- 끄라-ㅇ 타 논ˇ

จอด 주차하다
ถนน 도로

เรืออยู่กลางแม่น้ำ 배가 강 가운데 있다.
르-아 유`-끄라-ㅇ 매^-남´

• 가까이, 근처에 : ใกล้ [끄라^이]

ร้านขายยาอยู่ใกล้บ้านผม 약국은 나의 집 근처에 있다.
라´-ㄴ카ˇ-이야-유`- 끄라^이 바^-ㄴ 폼ˇ

เธอนั่งใกล้เขา 그녀는 그 가까이에 앉는다.
터-낭^ 끄라^이 카ˇ오

โทรศัพท์ (전화)

토-라 쌉

A ฮัลโหล สวัสดี ครับ
한 로- 싸왓 디- 크랍

บริษัทการค้าสยามใช่ไหมครับ
버 리 쌋 까-ㄴ 카- 싸 야-ㅁ 차이 마이 크랍

B ใช่ค่ะ คุณจะพูดกับใครคะ
차이 카 쿤 짜 푸-ㅅ 깝 크라이 카

A ขอพูดกับคุณสมชายหน่อยครับ
커- 푸-ㅅ 깝 쿤 쏨 차-이 너-이 크랍

B รอสักครู่ค่ะ
러- 싹 크루- 카

คุณสมชายไม่อยู่ค่ะ
쿤 쏨 차-이 마이 유- 카

เพิ่งออกไปข้างนอก จะฝากข้อความไหมคะ
퍼-ㅇ 어-ㄱ 빠이 카-ㅇ 너-ㄱ 짜 화-ㄱ 커- 콰-ㅁ 마이 카

A ไม่เป็นไรครับ เดี๋ยวผมโทรมาใหม่ครับ
마이 뻰 라이 크랍 디-야우 폼 토- 마- 마이 크랍

สวัสดีครับ
싸왓 디- 크랍

A 여보세요, 싸얌무역 회사이지요?

B 네, 그렇습니다. 당신은 누구와 통화하시겠습니까?

A 쏨차이 씨와 통화 좀 하게 해 주세요.

B 잠시만 기다리세요.

쏨차이 씨는 안 계십니다.

방금 외출하셨습니다. 전하실 말씀 있으십니까?

A 괜찮습니다. 잠시 후에 제가 다시 전화할게요.

안녕히 계세요.

어구정리

โทรศัพท์ [토-라쌉] 전화, 전화하다, (약자는 **โทร.**) | **ฮัลโหล** [한 로-] Hello!, 여보세요 | **บริษัท** [버리쌋] 회사 | **การ** [까-ㄴ] 추상명사를 만들 때 사용, 일, 업무 | **ค้า** [카-] 장사하다, 매매하다, 무역하다 | **รอ** [러-] 기다리다 | **ครู่** [크루-] 잠깐, 잠시 동안, 곧 | **สักครู่** [싹크루-] 잠시, 잠깐 | **เพิ่ง** [퍼-ㅇ] 방금 ~하다(조동사) | **ออกไป** [어-ㄱ 빠이] 나가다, 외출하다 | **ฝาก** [화-ㄱ] 전하다, 말하다 | **ข้อความ** [커-콰-ㅁ] 내용, 의사 | **เดี๋ยว** [디-야우] 잠시, 잠깐만, 곧, 머지않아 | **โทรมา** [토-마-] 전화하다, 전화오다

포인트

01 การ [까-ㄴ]과 ความ [콰-ㅁ]

태국어의 추상명사는 **การ** [까-ㄴ]과 **ความ** [콰-ㅁ]을 동사나 형용사 앞에 놓아서 만든다.

1. การ은 주로 동작이나 행위를 나타내는 동사 앞에 놓아 추상명사를 만든다.

การกิน 까-ㄴ 낀	식사	**การวิ่ง** 까-ㄴ 윙	뛰기
การค้า 까-ㄴ 카-	상업, 무역	**การบิน** 까-ㄴ 빈	비행, 항공
การออกกำลัง 까-ㄴ 어-ㄱ 깜 랑	운동	**การพัฒนา** 까-ㄴ 팟타나-	발전, 개발

2. ความ은 형용사나 부사 앞 그리고 심리나 정신 작용을 나타내는 동사 앞에 놓아 추상명사를 만든다.

ความดี 콰-ㅁ 디-	선, 착함	**ความสูง** 콰-ㅁ 쑤-ㅇ	높이, 키
ความรู้สึก 콰-ㅁ 루- 쓱	느낌	**ความสวย** 콰-ㅁ 쑤-어이	미, 아름다움
ความเห็น 콰-ㅁ 헨	의견, 견해	**ความต้องการ** 콰-ㅁ 떠-ㅇ 까-ㄴ	필요성

02 สักครู่ [싹크루-], เดี๋ยว [디-야우]

「잠시」, 「잠깐」의 의미로 사용한다.

รอสักครู่ 러-싹크루-	잠시만 기다려!
สักครู่ผมจะไป 싹 크루- 폼 짜 빠이	잠시 후 내가 갈 거야.

「잠시 후」, 「곧」, 「잠깐 있다가」, 「머지않아」 등의 의미를 가진 말로 **เดี๋ยว** [디-야우]도 있다.

เดี๋ยวดิฉันจะกินข้าว 나는 곧 밥을 먹을 거야.
디-야우 디찬 짜 낀 카-우

เดี๋ยวเขาสองคนจะแต่งงานกัน 머지않아 그들 둘은 결혼할 거야.
디-야우카오써-ㅇ콘짜 때-ㅇ 응아-ㄴ 깐

แต่งงาน 결혼하다
กัน 함께

03 전화

태국어에서 상대방에게 전화를 걸 때는 **โทรไป** [토-빠이], 혹은 **โทรมา** [토-마-]를 사용하는데 **โทรมา**는 화자(話者)의 입장에서가 아닌 상대방의 입장에서 사용한다.

คุณโทรไปใคร 당신 누구에게 전화거니?
쿤 토- 빠이크라이

คุณคิมโทรมา 김 씨가 전화했습니다(전화 걸었습니다).
쿤 킴 토- 마

ผมจะโทรมา 내가 전화할게.
폼 짜 토- 마

หา 찾다

Photo by Copycat37 / Shutterstock.com

콘 가면들

포인트

잠깐만요!

전화할 때 알아두면 유용한 표현들

โทรศัพท์สาธารณะอยู่ที่ไหนครับ
토-라 쌉 싸-타- 라 나 유-티- 나이 크랍
공중전화가 어디 있습니까?

หยอดเหรียญกี่บาท
여-ㅅ 리-얀 끼- 바-ㅅ
동전 얼마를 넣어야 합니까?

กรุณาพูดช้า ๆ หน่อย
까루 나- 푸-ㅅ 차- 차- 너-이
좀 천천히 말씀해 주세요.

ขอโทษ ไม่ได้ยิน
커-토-ㅅ 마이 다이 yin
미안합니다. 잘 안 들리는데요.

ฮัลโหล โรงแรมสยามใช่ไหมครับ
한 로- 로-ㅇ래-ㅁ싸야-ㅁ 차이 마이 크랍
여보세요. 싸얌호텔입니까?

ช่วยต่อห้อง 947 หน่อยครับ
추-어이 떠-허-ㅇ 까오씨-쩻 너-이 크랍
947호실 좀 바꿔주세요.

ขอเรียนสายกับคุณ - หน่อย
커- 리-얀 싸-이 깝 쿤 너-이
~씨 좀 바꿔주세요.

ออกไปข้างนอก / ไม่อยู่ครับ
어-ㄱ 빠이 카-ㅇ 너-ㄱ / 마이 유- 크랍
외출했는데요. / 부재중입니다.

กลับเมื่อไรครับ
끄랍 므-아 라이 크랍
언제 돌아옵니까?

จะโทรไปแบบเก็บเงินปลายทาง
짜 토- 빠이 배-ㅂ 껩 응어-ㄴ 쁘라-이 타-ㅇ
수신자 부담으로 하겠습니다.

สำหรับค่าโทรศัพท์ ผมจะจ่ายเอง
쌈 랍 카- 토- 라 쌉 폼 짜 짜-이에-ㅇ
전화비는 제가 지불합니다.

มีอะไรจะฝากอีกไหมคะ
미-아라이짜화-ㄱ이-ㄱ 마이 카
전하실 말씀 더 있어요?

ค่าโทรศัพท์เท่าไรครับ
카- 토- 라 쌉 타오 라이 크랍
전화비가 얼마입니까?

ผมจะโทรมาอีกนะครับ
폼 짜 토- 마- 이-ㄱ 나 크랍
다시 전화 드리지요.

(ช่วย)ฝากบอกเขาว่าให้โทรกลับมา ผมหน่อย
(추-어이) 화-ㄱ버-ㄱ카오 와- 하이 토- 끄랍 마- 폼 너-이
그에게 전해 주시겠어요. 제게 전화 좀 달라고요.

잠깐만요!

전화할 때 알아두면 유용한 표현들

ผมพูดภาษาไทยไม่ได้ครับ 폼 푸-ㅅ 파- 싸- 타이 마이 다이 크랍	저는 태국어를 못합니다.
มีคนสามารถพูดภาษาเกาหลี 미- 콘 싸- 마-ㅅ 푸-ㅅ 파- 싸- 까오리-	한국어(영어)하는 분 있습니까?
(ภาษาอังกฤษ) ได้ไหมครับ (파- 싸- 앙 끄릿) 다이 마이 크랍	
ขอโทษครับ โทรผิด, กดผิด, หมุนผิด 커- 토-ㅅ 크랍 토- 핏 꼿 핏 문 핏	미안합니다. 전화를 잘못 걸었네요.
สายไม่ว่าง 싸-이마이와-ㅇ	통화중입니다.
จะโทรไปประเทศเกาหลีครับ 짜 토- 빠이 쁘라 테-ㅅ 까오 리- 크랍	한국으로 전화하려고 합니다.
จะโทรเจาะจงหมายเลขที่กรุงโซล 짜 토- 쩌 쫑 마-이 레-ㄱ 티- 끄룽 쏘-ㄴ	서울로 지정번호 통화하려고 합니다.
ถือสายรอนะคะ 트- 싸-이 러- 나 카	끊지 말고 기다리세요.
วางสายแล้วรอสักครู่ค่ะ 와-ㅇ 싸-이 래- 우러-싹 크루-카	먼저 끊고 잠시 기다리세요.
อีกสักครู่ช่วยโทรอีกครั้งหนึ่งนะคะ 이-ㄱ싹크루-추-어이토-이-ㄱ크랑 능 나 카	잠시 후 다시 한 번 걸어주세요.
ติดแล้วค่ะ พูดได้เลยค่ะ 띳 래-우 카 푸-ㅅ다이러-이카	연결됐습니다. 말씀하세요.
กำลังพูด 깜 랑 푸-ㅅ	접니다.
เบอร์โทรศัพท์อะไร 버- 토- 라 쌉 아 라이	전화번호가 어떻게 됩니까?

1 다음 ( ) 안에 알맞는 전치사를 보기에서 골라 넣으시오.

보기	ใน	ตั้งแต่	ระหว่าง	จนถึง
	ทาง	ด้วย	แทน	เป็น

① เขาทำงาน ( ) ผม

② อาหารนี้ทำ ( ) ข้าว

③ ( ) วันนี้ผมจะไม่ดื่มเหล้าอีก

④ ( ) ผมอยู่ที่ประเทศไทยผมได้พบเพื่อนหลายคน

⑤ เขาส่งจดหมายไปโดย ( ) ไปรษณีย์

⑥ เพื่อนคุณแม่คนหนึ่งอยู่ ( ) บ้านผม

⑦ ประเทศไทยแบ่งออก ( ) 77 จังหวัด

⑧ เขาอ่านหนังสือ ( ) ปวดหัว

2 아래 문장을 태국어로 옮기시오.

① 그는 집에서 옵니다.

____

② 나는 태국 친구에게 편지를 보낸다.

____

③ 아버지는 자동차로 사무실에 갑니다.

____

④ 그는 태국 정치에 관해 공부한다.

____

⑤ 나의 집 근처에 학교가 있다.

⑥ 이 책은 당신을 위한 것이다. (당신용이다.)

⑦ 그는 일을 하기 위해서 태국에 왔다.

⑧ 그 아이와 친구는 함께 학교에 간다.

⑨ 어머니는 하루종일 집에 계십니다.

⑩ 그녀는 그녀의 어머니처럼 뚱뚱하다.

3 아래 단어를 명사형으로 만들고 뜻을 적으시오.

① **วิ่ง** (뛰다)

② **รู้สึก** (느끼다)

③ **ยาว** (〈거리〉긴)

④ **เต้นรำ** (춤추다)

⑤ **สวย** (예쁘다)

⑥ **พิจารณา** (검토하다)

알아둡시다

ความรู้สึก (감정)

콰-ㅁ 루- 쓱

ดีใจ [디-짜이] 기쁘다

ตื่นเต้น [뜨-ㄴ 떼-ㄴ] 흥분하다, 긴장하다, 설레다

ร้องไห้ [러-ㅇ 하이] 울다

ห่วง [후-엉] 걱정하다

อึดอัด [읏앗] 답답하다, 숨 막히다

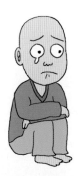

เศร้า [싸오] 슬프다

Part 16

ผมกินข้าวกับเขา

나는 그와 함께 밥을 먹는다.

등위접속사

등위접속사는 단어, 구, 절, 그리고 문장을 연결시키는 역할을 하며 접속되는 양 성분의 관계에 따라 양자를 동등하게 접속시킨다.

핵심포인트

폼 낀 카-우 깝 카오
ผม กิน ข้าว กับ เขา
① ⑤ ④ ③ ②

나는 그와 밥을 먹는다.
① ②③ ④ ⑤

터- 쑤-어이 래 탐 아-하-ㄴ 께-ㅇ 두-어이
เธอ สวย และ ทำ อาหาร เก่ง ด้วย
① ② ③ ⑦ ④ ⑥ ⑤

그녀는 예쁘고, 그리고 음식도 잘 만든다.
① ② ③ ④⑤ ⑥ ⑦

카오 뻰 땀루-엇 때- 폼 뻰 머-
เขา เป็น ตำรวจ แต่ ผม เป็น หมอ
① ③ ② ④ ⑤ ⑦ ⑥

그는 경찰이다. 그러나 나는 의사이다.
① ② ③ ④ ⑤ ⑥ ⑦

기본 회화

A **วันนี้คุณมีเรียนกี่ชั่วโมงครับ** 오늘 당신은 몇 시간 수업 있습니까?
완 니- 쿤 미- 리-얀 끼- 추-어 모-ㅇ 크랍

B **สี่ชั่วโมงค่ะ** 4시간입니다.
씨- 추-어 모-ㅇ 카

A **เรียนวิชาอะไรบ้างครับ** 무슨 과목을 배웁니까?
리-얀 위 차- 아 라이 바-ㅇ 크랍

B **เรียนการอ่านและสนทนา** 태국어 강독과 회화입니다.
리-얀 까-ㄴ 아-ㄴ 래 쏜 타 나-

ภาษาไทย
파- 싸- 타이

แต่พรุ่งนี้ไม่มีเรียนค่ะ 그러나 내일은 수업이 없습니다.
때- 프룽 니- 마이 미- 리-얀 카

A **คุณชอบกีฬาอะไรบ้างครับ** 당신은 무슨 운동을 좋아하십니까?
쿤 처-ㅂ 끼- 라- 아 라이 바-ㅇ 크랍

B **ดิฉันชอบว่ายน้ำกับเทนนิสค่ะ** 저는 수영과 테니스를 좋아합니다.
디 찬 처-ㅂ 와-이 남 깝 테-ㄴ 닛 카

새로운 낱말

เก่ง [께-ㅇ] 잘하다. 능숙하다 | **ชั่วโมง** [추-어모-ㅇ] 시간 | **วิชา** [위차-] 과목 | **การอ่าน** [까-ㄴ아-ㄴ] 읽기, 강독 | **สนทนา** [쏜타나-] 대화하다, 회화하다 | **กีฬา** [끼-라-] 운동 | **บ้าง** [바-ㅇ] 좀, 약간, 일부, 소수 | **เล่น** [레-ㄴ] 놀다, 치다, 연주하다, 장난하다 | **เทนนิส** [테-ㄴ닛] 테니스 | **ไม่ค่อย....เท่าไร** [마이커-이…타오라이] 그다지 ~하지 않다 | **ว่ายน้ำ** [와-이남] 수영하다

A **เล่นเทนนิสเก่งไหมครับ** 테니스를 잘 치십니까?

레-ㄴ 테-ㄴ 닛 께-ㅇ 마이 크랍

B **ไม่ค่อยเก่งเท่าไรค่ะ** 별로 잘 치지 못합니다.

마이 커-이 께-ㅇ 타오 라이 카

A **ผมก็ชอบเล่นเทนนิสครับ** 저도 테니스 치는 것을 좋아합니다.

폼 꺼- 처-ㅂ 레-ㄴ 테-ㄴ 닛 크랍

B **ถ้างั้น วันอาทิตย์หน้าไป** 그러면, 다음주 일요일 저와 함께

타- 응안 완 아- 팃 나- 빠이

เล่นเทนนิสกับดิฉันไหมคะ 치러 가시겠습니까?

레-ㄴ 테-ㄴ 닛 깝 디 찬 마이 카

A **ดีครับ** 좋습니다.

디- 크랍

01 등위접속사

등위접속사는 단어, 구, 절 그리고 문장을 연결시키는 역할을 하며 접속되는 양 성분의 관계에 따라 양자를 동등하게 접속시킨다. 태국어의 등위접속사는 다음과 같다.

① 연계

• 그리고 **และ** [래], …와(과) **กับ** [깝], 둘 다 **ทั้ง......และ** [탕.... 래]

เธอสวยและเรียนเก่งด้วย 그녀는 예쁘고 공부도 잘한다.
터-쑤-어이 래 리-얀 께-ㅇ 두-어이

เขากับผมไปโรงเรียนด้วยกัน 그와 나는 학교에 함께 간다.
카오 깝 폼 빠이 로-ㅇ 리-얀 두-어이 깐

ดิฉันเรียนทั้งภาษาไทยและภาษาอังกฤษ 나는 태국어와 영어 둘 다 배운다.
디 찬 리-얀 탕 파- 싸- 타이 래 파- 싸- 앙끄릿

• …도, …면 : **ก็** [꺼-]

เขาไปผมก็ไปด้วย 그가 가면 나도 역시 간다.
카오 빠이 폼 꺼- 빠이 두-어이

ใครอยากจะฟังก็มาฟัง 듣고 싶은 사람이면 누구라도 와서 들으세요.
크라이 야-ㄱ 짜 황 꺼- 마- 황

• 예를들면 ~등등 : **เช่น** [체-ㄴ], **เช่น...เป็นต้น** [체-ㄴ…뻰똔], **อาทิ** [아-티]

มีอาหารหลายอย่าง เช่น ข้าวผัด ข้าวต้ม เป็นต้น
미- 아-하-ㄴ 라-이 야-ㅇ 체-ㄴ 카-우 팟 카-우 똠 뻰 똔
음식이 여러 가지가 있어요. 예를 들면 볶음밥, 죽, 등등.

ผลไม้หลักในเกาหลี คือ แอปเปิ้ล แพร์ และลูกพลับ เป็นต้น
폰라 마이 락 나이 까오 리- 크- 애-ㅂ 뻐-ㄴ 패- 래 루-ㄱ 프랍 뻰 똔
한국의 주요과일은 즉 사과, 배, 그리고 감 등등입니다.

> **ผัด** 볶다
> **ต้ม** 삶다, 끓이다
> **หลัก** 가본, 주요
> **แอปเปิ้ล** 사과
> **แพร์** 배
> **ลูกพลับ** 감

• 즉, 말하자면, 이를테면 : **คือ(ว่า)** [크-(와-)], **กล่าวคือ** [끄라-우크-], **ได้แก่** [다이깨-]

ผมไม่ไป คือผมไม่มีเวลาที่จะไป
폼 마이빠이 크-폼마이미-외-라-티-짜빠이
나는 가지 않는다. 이를테면 난 갈 시간이 없다.

ผมไม่กินเนื้อ คือ ผมเป็นมังสวิรัติ
폼 마이 낀 느-아- 크- 폼 뻰 망 싸 위 랏
나는 고기를 먹지 않습니다. 말하자면 난 채식주의자입니다.

การที่มีสุขภาพดี คือ มรดกอันล้ำค่า
까-ㄴ티-미-쑥 카 파-ㅂ디-크- 머- 라 독 안 람 카-
건강이 좋다는 것은 즉 귀중한 재산입니다.

เนื้อ 고기
มังสวิรัติ 채식주의자
สุขภาพ 건강
มรดก 유산, 재산
ล้ำค่า 가치를 매길 수 없는, 귀중한

② 순서

• 그러고 나서 : **แล้ว** [래-우], **แล้วก็** [래-우꺼-]

เขากินยาแล้วนอนหลับ 그는 약을 먹고 나서 잤다.
카오 낀 야- 래-우 너-ㄴ 랍

อ่านหนังสือนี้แล้วก็จงแปลเป็นภาษาไทย
아-ㄴ 낭 쓰- 니- 래-우꺼-쫑 쁘래- 뻰 파-싸- 타이
이 책을 읽고 나서 태국어로 번역하시오.

นอน 눕다
หลับ 자다
จง …하시오
แปล 번역하다

③ 선택

• ~이나 …이나 **ก็ดี** [꺼-디-], ~든지 …든지 **ก็ตาม** [꺼-따-ㅁ], ~간에 …간에 **ก็ได้** [꺼-다이]

เขาก็ดีผมก็ดีต้องไปที่นั่น
카오꺼-디-폼꺼-디-떠-ㅇ빠이티-난
그 사람이든 나든 그곳에 꼭 가야 한다.

ไปเที่ยวก็ได้ไปดูหนังก็ได้ตามใจคุณ
빠이티-아우꺼-다이빠이두-낭꺼-다이따-ㅁ짜이쿤
놀러가든 영화 보러 가든 당신 마음대로 하세요.

คนก็ดีสัตว์ก็ดีต้องการอาหารทั้งนั้น
콘 꺼-디- 쌋 꺼-디-떠-ㅇ 까-ㄴ아- 하-ㄴ 탕 난
사람이든 동물이든 모두 음식을 필요로 한다.

ประเทศไทยจะเรียกว่าประเทศสยามก็ได้
쁘라 테-ㅅ 타이 짜 리-약 와- 쁘라 테-ㅅ싸야-ㅁ꺼-다이
태국은 씨얌이라고도 부를 수 있다.

> **สัตว์** 동물
> **ทั้งนั้น** 전부, 모두
> **ตาม** …에 따라서

• 혹은, 또는 : **หรือ** [르-]

ผมหรือเขาต้องไป 나나 그나 가야 한다.
폼 르- 카오 떠-ㅇ 빠이

คุณจะไปประเทศไทยหรือประเทศเกาหลี
쿤 짜 빠이 쁘라 테-ㅅ 타이 르- 쁘라 테-ㅅ 까오리-
당신은 태국에 갈 것입니까? 한국에 갈 것입니까?

คุณจะเรียนอักษรศาสตร์หรือวิทยาศาสตร์
쿤 짜 리-얀 악써라 싸-ㅅ 르- 윗타야- 싸-ㅅ
당신은 문과를 공부할 것입니까? 이과를 공부할 것입니까?

> **อักษรศาสตร์** 문과
> **วิทยาศาสตร์** 과학, 이과

④ 반의(反意)

• 그러나 : **แต่** [때-]

เขาหล่อแต่ไม่สุภาพ
카오 러- 때-마이 쑤파-ㅂ
그는 잘생겼지만 예절바르지 못하다.

ผมเป็นทหารแต่เขาเป็นตำรวจ
폼 뻰 타 하-ㄴ 때- 카오 뻰 땀 루-엇
나는 군인이지만 그는 경찰이다.

> **สุภาพ** 예절바르다, 점잖다
> **ทหาร** 군인
> **ตำรวจ** 경찰

02 วิชา [위차-]

• 과목 : วิชา

วิชาภาษาไทย 위차- 파- 싸- 타이	태국어	วิชาไวยากรณ์ 위차- 와이야-꺼-ㄴ	문법
วิชาการเมือง 위차- 까-ㄴ 므-앙	정치	วิชาเศรษฐกิจ 위차- 쎄-ㅅ타낏	경제
วิชาสังคม 위 차- 쌍 콤	사회	วิชาวัฒนธรรม 위차- 왓 타 나 탐	문화

「~학(學)」을 표현할 때는, **ศาสตร์** [싸-ㅅ]을 쓴다.

ประวัติศาสตร์ 쁘라 와 띠 싸-ㅅ	역사학	ภาษาศาสตร์ 파- 싸- 싸-ㅅ	언어학
รัฐศาสตร์ 랏 타 싸-ㅅ	정치학	วิทยาศาสตร์ 윗 타 야- 싸-ㅅ	과학
เศรษฐศาสตร์ 쎄-ㅅ 타 싸-ㅅ	경제학	สังคมศาสตร์ 쌍 콤 마 싸-ㅅ	사회학

03 เล่น [레-ㄴ]

เล่น은 「운동하다, (공을) 차다」의 의미이다. 운동 중에서 일부는 「치다, 때리다」라는 의미의 동사 **ตี** [띠-]를 사용하기도 한다. 그러나 발로 차는 운동인 축구에서는 동사 **เตะ** [떼]를 사용하기도 한다.

เล่นฟุตบอล 레-ㄴ 훗 버-ㄴ	축구하다
เล่นปิงปอง 레-ㄴ삥 뻐-ㅇ	탁구를 치다
ตีกอล์ฟ 띠-꺼-ㅂ	골프를 치다
เล่นเทนนิส 레-ㄴ테-ㄴ닛	테니스를 치다

โรงพยาบาล (병원)

로-ㅇ 파 야- 바-ㄴ

A ไม่สบายตรงไหนครับ
마이 싸 바-이 뜨롱 나이 크랍

B ปวดหัวและไอด้วยค่ะ
뿌-엇 후-어 래 아이두-어이 카

A ปวดตั้งแต่เมื่อไรครับ
뿌-엇 땅 때- 므-아 라이 크랍

B ปวดตั้งแต่เมื่อคืนค่ะ
뿌-엇 땅 때- 므-아 크-ㄴ 카

อาการหนักไหมคะ
아- 까-ㄴ 낙 마이 카

A รู้สึกเป็นไข้หวัด แต่ไม่ต้องห่วง คิดว่าไม่ค่อยหนักเท่าไร
루-쓱 뻰 카이 왓 때- 마이 떠-ㅇ 후-엉 킷 와- 마이 커-이 낙 타오 라이

เดี๋ยวฉีดยาและจะสั่งยาให้นะครับ
디-아우 치-ㅅ 야- 래 짜 쌍 야- 하이 나 크랍

B ทานยาอย่างไรคะ
타-ㄴ 야- 야-ㅇ 라이 카

A วันละสามครั้ง หลังรับประทานอาหาร
완 라 싸-ㅁ 크랑 랑 랍 쁘라 타-ㄴ 아- 하-ㄴ

สามสิบนาทีครับ
싸-ㅁ 씹 나- 티- 크랍

A 어디가 불편합니까?

B 머리가 아프고, 기침도 합니다.

A 언제부터 아프셨습니까?

B 어제 저녁부터요.

증상이 심합니까?

A 감기인 것 같습니다. 걱정마세요 그다지 심한 것 같지는 않습니다.

잠시 후 주사를 놓고 약을 처방해 드릴게요.

B 약은 어떻게 먹습니까?

A 하루에 세 번, 식후

30분입니다.

어구정리

โรงพยาบาล [로-ㅇ파야-바-ㄴ] 병원 | **ปวด** [뿌-엇] 아프다 | **หัว** [후-어] 머리 | **ปวดหัว** [뿌-엇후-어] 두통, 머리가 아프다 | **ไอ** [아이] 기침하다 | **ด้วย** [두-어이] ~도 함께, 역시 | **ตั้งแต่** [땅때-] ~부터(시간) | **อาการ** [아-까-ㄴ] 증상 | **หนัก** [낙] 무겁다, 심하다, 중대하다 | **รู้สึก** [루-쓱] 느끼다 | **ไข้หวัด** [카이왓] 감기 | **คิดว่า** [킷와-] ~라고 생각하다 | **ฉีดยา** [치-ㅅ야-] 주사놓다 | **สั่ง** [쌍] 주문하다 | **ยา** [야-] 약 | **ครั้ง** [크랑] ~회(回), ~번 | **หลัง** [랑] 뒤, 후, ~이후 | **รับประทาน** [랍쁘라타-ㄴ] 잡수시다, 드시다(**กิน, ทาน**의 높임말)

포인트

01 ไม่ต้องห่วง [마ˆ이떠ˆ-ㅇ후ˋ-엉]

「걱정말라 / 괜찮다 / 별 문제 없다」 등의 의미로, 이와 유사한 예로는 **ไม่เป็นไร** [마ˆ이 뻰라ˉ이], **ไม่เป็นปัญหา** [마ˆ이뻰빤하ˇ-], **ไม่มีปัญหา** [마ˆ이미ˉ-빤하ˇ-] 등이 있다.

เรื่องเงินนะ คุณไม่ต้องห่วง
르ˆ-앙응어ˉ-ㄴ나 쿤 마ˆ이 떠ˆ-ㅇ후ˋ-엉
돈 문제는 말야! 당신 걱정할 필요 없어.

เพื่อนไปเที่ยวด้วยกัน ก็คงไม่มีปัญหา
프ˆ-안 빠ˉ이 티ˆ-야우 두ˆ-어이 깐 꺼- 콩마ˆ이 미ˉ- 빤하ˇ-
친구가 함께 놀러 가면 아마 문제 없을 겁니다.

ปัญหา 문제

02 เดี๋ยวนี้ [디-ˇ야우니ˊ-] 지금, 당장, 즉시, 곧

「요즘, 현재」 등의 뜻으로도 사용한다.

คุณไปเดี๋ยวนี้ (쿤 빠ˉ이디-ˇ야우니ˊ-) 당신 당장 가거라.

เดี๋ยวนี้ไม่ค่อยสบาย (디-ˇ야우니ˊ-마ˆ이커ˆ-이싸바ˉ-이) 요즘 몸이 편치 않다.

พูดเดี๋ยวนี้ (푸ˆ-ㅅ디-ˇ야우니ˊ-) 당장 말해라.

เดี๋ยวนี้เศรษฐกิจไม่ดี (디-ˇ야우니ˊ-쎄ˋ-ㅅ타ˊ낏ˋ 마ˆ이디ˉ-) 요즘 경제가 좋지 않아요.

เศรษฐกิจ 경제

잠깐만요!

병원에서 유용한 표현

ผม(ดิฉัน)ไม่สบาย
폼 (디 찬) 마이싸바-이
제 몸이 안 좋습니다.

เจ็บตรงนี้(มาก)
젭 뜨롱 니- (마-ㄱ)
여기가 좀(많이) 아파요.

รู้สึกเป็นหวัด
루- 쓱 뻰 왓
감기인 것 같아요.

หายใจลำบาก
하-이짜이 람 바-ㄱ
호흡이 좀 곤란합니다.

ขอใบรับรองแพทย์ด้วย
커- 바이 랍 러-ㅇ 패-ㅅ 두-어이
의료보험증을 주세요.

ช่วยเรียกคุณหมอให้หน่อยครับ
추-어이리-약 쿤 머- 하이 너-이 크랍
의사 좀 불러 주세요.

แถวนี้มีโรงพยาบาลไหมครับ
태-우니-미-로-ㅇ파야-바-ㄴ마이크랍
이 근처에 병원이 있나요?

ช่วยพาผม(ดิฉัน)ไปที่โรงพยาบาลหน่อย
추-어이파-폼 (디 찬) 빠이티-
로-ㅇ 파야- 바-ㄴ 너-이
저를 병원으로 데려다 주세요.

มีคุณหมอพูดภาษาเกาหลีได้ไหมครับ
미- 쿤 머- 푸-ㅅ 파- 싸- 까오 리- 다이 마이 크랍
한국어를 하는 의사 있습니까?

ขอนัดตรวจโรคคราวหน้าหน่อยครับ
커- 낫 뜨루-엇 로-ㄱ 크라-우 나- 너-이 크랍
다음번 진료예약을 좀 해 주세요.

หายใจ 숨쉬다 | **ลำบาก** 어렵다, 곤란하다 | **ช่วย** 돕다 | **เรียก** 부르다 | **นัด** 약속하다 | **คราว** 회, 회수 | **ใบรับรองแพทย์** 의료보험증 | **หน้า** 다음, 앞, 계절, 얼굴, 페이지

알아둡시다

อาการ (증상)

아-까-ㄴ

มีไข้ [미-카이]
열나다

ไอ [아이]
기침하다

อาเจียน [아-찌-얀]
구토하다

ปวดหัว [뿌-엇 후-어]
머리가 아프다

คัน [칸]
가렵다

เหนื่อย [느-아이]
피곤하다

เป็นหวัด [뻰왓]
감기에 걸리다

Part 17

ผมไม่ไปเพราะฝนตก

나는 가지 않는다. 왜냐하면 비가 오기 때문이다.

종속접속사

종속접속사는 접속되는 양 성분의 관계에 따라 양자를 종속적인 관계로 접속시키는 역할을 한다.

핵심포인트

폼 마이빠이 프러 혼 똑

ผม ไม่ไป เพราะ ฝน ตก

① ③ ② ④ ⑤ ⑥

나는 가지 않는다.

① ② ③

왜냐하면 비가 오기 때문이다.

④ ⑤ ⑥

카오 쓰- 쓰-아 프-아 하이 쿤 매-

เขา ซื้อ เสื้อ เพื่อ ให้ คุณแม่

① ⑥ ⑤ ④ ③ ②

그는 어머니에게 주기 위해 옷을 산다.

① ② ③ ④ ⑤ ⑥

기본 회화

A **คุณเคยไปเมืองไทยไหมครับ** 당신은 태국에 가 본 경험이 있습니까?
쿤 커-이 빠이 므-앙 타이 마이 크랍

B **ดิฉันเคยไปตอนที่เป็นนักศึกษาค่ะ** 저는 대학생때 가 본 적이 있습니다.
디 찬 커-이 빠이 떠-ㄴ 티- 뻰 낙 쓱 싸- 카

A **คุณไปธุระอะไรครับ** 무슨 일로 갔습니까?
쿤 빠이 투 라 아 라이 크랍

B **ไปเที่ยวเฉย ๆ ค่ะ** 그냥 놀러 갔습니다.
빠이 티-야우 처-이 처-이 카

A **คุณอยู่นานไหมครับ** 당신은 오랫동안 계셨습니까?
쿤 유- 나-ㄴ 마이 크랍

B **แค่อาทิตย์หนึ่งค่ะ** 단지 일주일인걸요.
캐- 아- 팃 능 카

แต่ดิฉันรู้สึกประทับใจมาก 그러나, 저는 매우 인상깊게 느꼈습니다.
때- 디 찬 루- 쓱 쁘라 탑 짜이 마-ㄱ

새로운 낱말

เพราะ [프러] 왜냐하면 | **ฝน** [훈] 비 | **ตก** [똑] 떨어지다, 내리다 | **ซื้อ** [쓰-] 사다 | **เพื่อ** [프-아] ~하기 위하여 | **เคย** [커-이] ~한 경험이 있다 | **ธุระ** [투라] 일, 용무, 사업 | **ไปเที่ยว** [빠이티-야우] 놀러가다 | **เฉย** [처-이] 그냥 | **นาน** [나-ㄴ] 오랫동안 | **แค่** [캐-] 단지, ~정도 | **อาทิตย์** [아-팃] 일주일, 해 | **ประทับใจ** [쁘라탑짜이] 인상깊다, 감명깊다 | **ใจดี** [짜이디-] 친절하다 | **สถานที่** [싸타-ㄴ티-] 장소, 곳 | **น่า** [나-] ~할 만하다, ~할 가치가 있다 | **มากมาย** [마-ㄱ마-이] 많다 | **งั้น** [응안] 그러면, 그렇다면 | **วันหลัง** [완랑] 다음날, 훗날 | **ถ้า** [타-] 만약에 | **โอกาส** [오-까-ㅅ] 기회, 일, 경우 | **อีก** [이-ㄱ] 더 | **แน่นอน** [내-너-ㄴ] 틀림없다, 확실하다

	เพราะว่าคนไทยใจดี 프러 와- 콘 타이 짜이디-	왜냐하면, 태국인들은 친절하고,
	และมีสถานที่น่าเที่ยว 래 미- 싸 타-ㄴ 티-나- 티-야우	놀러 갈 만한 곳이 많이 있기
	มากมาย 마-ㄱ 마-이	때문이에요.
A	**งั้นหรือครับ** 응안 르- 크랍	그러세요?
	วันหลังถ้ามีโอกาส 완 랑 타- 미- 오- 까-ㅅ	다음에, 만약에 기회가 있다면 당신은
	คุณจะไปอีกไหมครับ 쿤 짜 빠이 이-ㄱ 마이 크랍	다시 가시겠습니까?
B	**แน่นอนค่ะ** 내- 너-ㄴ 카	물론입니다.

01 종속접속사

종속접속사는 접속되는 양이나 성분의 관계에 따라 양자를 종속적인 관계로 접속시키는 역할을 한다. 태국어의 종속접속사는 다음과 같은 것들이 있다.

① 시간, 때

• ~할 때 : **เมื่อ** [므^-아]

เขามาหาผมเมื่อผมไม่อยู่ 그는 내가 없을 때 찾아왔다.
카ˇ오 마- 하ˇ-폼 므^-아 폼 마^이 유-

ออกกำลังกายเมื่ออากาศดี 날씨 좋은 때 운동해라.
어ˋ-ㄱ 깜 랑 까-이 므^-아 아-까ˋ-ㅅ디-

> **มาหา** 방문하다
> **ออกกำลังกาย** 운동하다

• ~하는 동안 : **ขณะที่** [카ˋ나ˊ티^-]

ขณะที่ทานข้าวอย่าเสียงดัง
카ˋ나ˊ 티^- 타-ㄴ 카^-우 야ˋ- 씨ˇ-양 당
식사하는 동안에 큰 소리내지 마시오.

ขณะที่เรียนห้ามรับโทรศัพท์
카ˋ나ˊ 티^- 리-얀 하^-ㅁ 랍 토-라 쌉
공부하는 동안 전화 받는 것 금지!

> **อย่า** …하지말아라
> **เสียง** 소리
> **ดัง** 크다

• ~하는 동안 : **ในระหว่างที่** [나이라와ˋ-ㅇ티^-]

ในระหว่างที่ผมอยู่ที่ประเทศไทย ผมเคยไปวัดพระแก้ว
나이 라 와ˋ-ㅇ티^- 폼 유- 티^- 쁘라 테^-ㅅ타이 폼커-이 빠이 왓 프라 깨^-우
나는 태국에 머무르는 동안에 「프라깨우」 사원에 간 적이 있었다.

ขโมยขึ้นบ้านในระหว่างที่ผมออกไปข้างนอก
카모-이 큰 바^-ㄴ 나이 라 와ˋ-ㅇ 티^- 폼 어ˋ-ㄱ 빠이 카^-ㅇ 너^-ㄱ
내가 외출하는 동안에 도둑이 들었다.

> **ขโมย** 도둑

• ~하자마자 : **พอ** [퍼-]

พอทานข้าวเสร็จแล้วเขารีบไปทำงาน
퍼- 타-ㄴ 카^-우 쎗 래ˊ-우카ˇ오리^-ㅂ빠이탐응아-ㄴ
그는 식사를 마치자마자 서둘러 일하러 갔다.

พออาจารย์สั่งการบ้านนักเรียนก็ตั้งใจเรียน
퍼- 아- 짜-ㄴ 쌍 까-ㄴ 바-ㄴ 낙리-얀 꺼- 땅짜이 리-얀
교수님이 숙제를 주자마자 학생들은 열심히 공부한다.

ตั้งใจ 열심이다, 작정하고 …하다.
ร้องไห้ 울다
ทันที 즉시

พอพบคุณแม่เขาก็ร้องไห้ทันที
퍼- 폽 쿤 매- 카오 꺼- 러-ㅇ 하이 탄 티-
어머니를 만나자마자 그는 즉시 울었다.

• ~이후에 : **หลังจาก** [랑짜-ㄱ]

หลังจากฝนหยุดแล้วเขากลับบ้าน
랑 짜-ㄱ 혼 윳 래-우 카오 끄랍 바-ㄴ
비가 그친 후에 그는 집으로 돌아갔다.

หลังจากหิมะหยุดน้ำแข็งก็ละลาย
랑 짜-ㄱ 히 마 윳 남 캥 꺼- 라 라-이
눈이 그치자 얼음이 녹는다.

น้ำแข็ง 얼음
ละลาย 녹다

• ~때 : **ตอนที่** [떠-ㄴ티-]

ตอนที่ผมเรียนหนังสืออยู่มีเพื่อนมาหา
떠-ㄴ티- 폼 리-얀 낭 쓰-유- 미- 프-안 마-하-
내가 공부하고 있을 때 친구가 찾아 왔다.

ตอนที่ดิฉันอยู่ที่ประเทศไทยดิฉันคิดถึงบ้านจนทนไม่ไหว
떠-ㄴ티- 디찬유- 티- 쁘라테-ㅅ타이 디찬 킷 틍 바-ㄴ 쫀 톤 마이 와이
내가 태국에 있을 때 나는 참지 못할 정도로 집 생각이 났다.

คิดถึง 보고 싶다, 그리워하다
ทน 참다

• ~때, ~할 시간에 : **เวลา** [외-라-]

เวลาผมไปทานอาหารผมมักจะไปกับเพื่อน ๆ
외-라-폼 빠이 타-ㄴ 아- 하-ㄴ 폼 막 짜 빠이깝 프-안 프-안
나는 음식을 먹으러 갈 때 대개 친구들과 함께 간다.

เวลาเขาหมดเงินเขาเคยยืมเงินเพื่อนใช้
외-라-카오못응어-ㄴ카오 커-이 yum응어-ㄴ프-안 차이
그는 돈이 떨어질 때 친구에게 빌려서 사용한 적이 있다.

หมด 없어지다
ยืม 빌리다

② 조건, 가정

• 만약 ~이면 : **ถ้า** [타^-], **ถ้าหาก** [타^-하`-ㄱ], **ถ้าหากว่า** [타^-하`-ㄱ와^-], **หาก** [하`-ㄱ]

ถ้าผมเป็นคุณผมจะไปทำงานที่ประเทศไทย
타^- 폼 뻰 쿤 폼 짜 빠이 탐응아-ㄴ티^- 쁘라테^-ㅅ 타이

만약 내가 당신이라면 나는 태국에 일하러 갈 것이다.

รักษา 치료하다

ถ้าหากว่าพรุ่งนี้ฝนจะตกเราจะพบกันที่ไหน
타^-하`-ㄱ와^-프룽니´- 혼 짜 똑 라오 짜 폽 깐 티^- 나이

만약 내일 비가 온다면 우리는 어디에서 만날까요?

ถ้าดิฉันเป็นหมอดิฉันจะรักษาคุณ
타^- 디 찬 뻰 머- 디 찬 짜락 싸- 쿤

만약 내가 의사라면 난 당신을 치료할 것이다.

③ 이유, 원인

• ~때문에 : **เพราะ** [프러], **เพราะว่า** [프러와^-], **เนื่องจาก** [느^-앙짜`-ㄱ], **เนื่องด้วย** [느^-앙두^-어이]

เขาไม่มาเพราะมีงานมาก
카오마^이마- 프러 미-응아-ㄴ마^-ㄱ

그는 일이 많아서 오지 않았습니다.

ปวด 아프다
ท้อง 배
ทุเรียน 투리얀 (열대과일)
เกินไป 지나치게 …하다
ล้น 넘치다

ดิฉันปวดท้องเนื่องจากกินทุเรียนมากเกินไป
디 찬 뿌`-엇 터´-ㅇ느^-앙짜`-ㄱ 낀 투리-얀 마^-ㄱ 꺼-ㄴ 빠이

나는「투리얀」을 지나치게 많이 먹었기 때문에 배가 아프다.

น้ำในแม่น้ำล้นออกมาเพราะฝนตกมาก
남 나이 매^-남 론어`-ㄱ 마- 프러 혼 똑 마^-ㄱ

비가 많이 와서 강에 물이 넘쳐 나왔다.

④ 결과

• 그러므로 / 그래서 : **ดังนั้น** [당난], **จึง** [쯩], **เพราะฉะนั้น** [프러차난]

เขาไม่ได้มาดังนั้นเขาจึงไม่รู้
카오 마이다이마-당난 카오 쯩 마이루-

그는 오지 않았다. 그래서 그는 알지 못한다.

พ่อเขาป่วยหนักเพราะฉะนั้นเขาจึงมาไม่ได้
퍼- 카오뿌-어이 낙 프러 차 난 카오 쯩 마-마이다이

그의 아버지가 중병이어서 그는 올 수 없었다.

เนื่องด้วยราคาวัตถุดิบแพงขึ้นชาวนาจึงมีความเดือดร้อน
느-앙 두-어이 라-카- 왓 투 딥 패-ㅇ 큰 차-우 나- 쯩 미-콰-ㅁ 드-엇 러-ㄴ

원자재 가격이 올랐기 때문에 농부들은 어려움이 있다.

เขาไม่ใส่แว่นตาจึงมองไม่เห็น
카오 마이 싸이 왜-ㄴ 따- 쯩 머-ㅇ 마이헨

그는 안경을 쓰지 않아 보이지 않는다.

※ **จึง** [쯩]은 반드시 주어 다음, 동사 앞에 위치한다.

ป่วย 병들다, 아프다
หนัก 심하다, 무겁다
วัตถุดิบ 원자재
ชาวนา 농부
เดือดร้อน 어렵다, 곤란하다
แว่นตา 안경

⑤ 목적

• ~하기 위하여 : **เพื่อ** [프-아]

เขาซื้อเสื้อผ้าเพื่อให้คุณแม่
카오 쓰- 쓰-아파-프-아 하이 쿤 매-

그는 어머니에게 주기 위해서 옷을 산다.

เธอซื้อของขวัญเพื่อให้เป็นวันเกิดของคุณพ่อ
터- 쓰- 커-ㅇ 콴 프-아 하이 뻰 완 끄-ㅅ 커-ㅇ 쿤 퍼-

그녀는 아버지의 생일에 드리기 위해 선물을 산다.

เขาตื่นแต่เช้าเพื่อจะไปโรงเรียนให้ทัน
카오 뜨-ㄴ때- 차오 프-아짜 빠이 로-ㅇ 리-얀 하이 탄

그는 학교에 늦지 않기 위해 아침 일찍 일어났다.

⑥ 양보

• 비록 ~할지라도 : **แม้** [매-], **แม้ว่า** [매-와-], **ถึง** [틍],
ถึงแม้ว่า....แต่ [틍매-와-...때-]

แม้ว่าพรุ่งนี้ฝนจะตกผมก็จะไปพบเพื่อน
매- 와-프릉 니- 혼 짜 똑 폼 꺼- 짜 빠이 폽 프-안

비록 내일 비가 올지라도 나는 친구를 만나러 갈 것이다.

ถึงแม้ว่าเขายากจนแต่เขาก็เป็นคนซื่อสัตย์
틍 매- 와- 카오 야-ㄱ 쫀 때- 카오 꺼- 뻰 콘 쓰- 쌋

그는 비록 가난할지라도 그러나 그는 정직한 사람이다.

ถึงแม้ว่าเขาทำงานหนักแต่เขาเข้าเรียนทุกครั้ง
틍 매- 와- 카오 탐 응아-ㄴ 낙 때- 카오 카오 리-얀 툭 크랑

그는 비록 힘든 일을 하지만 매번 수업에 들어간다.

• ~에도 불구하고 : **ทั้ง ๆ ที่** [탕 탕 티-]

เขาไปทำงานทั้ง ๆ ที่วันนี้เป็นวันอาทิตย์
카오 빠이 탐응아-ㄴ탕 탕 티- 완니- 뻰 완 아- 팃

오늘은 일요일인데도 불구하고 그는 일하러 간다.

ในที่สุดเขาไม่ประสบความสำเร็จทั้ง ๆ ที่ใช้ความพยายามถึงเพียงนั้น
나이 티- 쏫카오 마이 쁘라쌉 콰-ㅁ 쌈 렛 탕 탕 티- 차이 콰-ㅁ 파야-야-ㅁ 틍 피-양 난

그 정도의 노력에도 불구하고 그는 결국 성공을 거두지 못했다.

ยากจน 가난하다
ซื่อสัตย์ 정직하다
ในที่สุด 마침내, 결국
ประสบความสำเร็จ 성공을 이루다
ความพยายาม 노력
ถึงเพียงนั้น 그 정도, 그토록

⑦ 정도

• ~할 정도로 : **ขนาด** [카나-ㅅ]

เขาทำงานเก่งขนาดใคร ๆ ก็ชม
카오 탐 응아-ㄴ께-ㅇ카나-ㅅ크라이크라이꺼-촘
그는 누구나 칭찬할 정도로 일을 잘한다.

ชม 칭찬하다

เขาเป็นอาจารย์ที่มีชื่อเสียงขนาดไม่มีใครที่ไม่รู้จัก
카오 뻰 아- 짜-ㄴ 티-미-츠-씨-양 카나-ㅅ 마이미-크라이티-마이루-짝
그는 모르는 사람이 없을 정도로 유명한 교수이다.

• ~중에서, ~하는 한, ~하는 만큼 : **เท่าที่** [타오티-]

ผู้หญิงคนนั้นสวยที่สุดเท่าที่ผมเห็นมา
푸-잉 콘 난 쑤-어이 티- 쏫 타오티- 폼 헨 마-
그 여자는 내가 보아온 중에서 가장 아름답다.

เราต้องขยันเรียนเท่าที่จะทำได้
라오 떠-ㅇ 카얀 리-얀 타오티- 짜 탐 다이
우리는 할 수 있는 한 열심히 공부해야 한다.

ธนาคาร (은행)

타 나- 카-ㄴ

A ขอโทษ แลกเงินที่นี่ ได้ไหมครับ
커- 토-ㅅ 래-ㄱ응어-ㄴ 티-니- 다이 마이 크랍

B ได้ค่ะ ต้องการเงินสดหรือเช็คเดินทางคะ
다이 카 떠-ㅇ 까-ㄴ 응어-ㄴ 쏫 르- 첵 더-ㄴ 타-ㅇ 카

A เงินสดร้อยดอลลาร์
응어-ㄴ 쏫 러-이 더-ㄴ 라-

วันนี้อัตราแลกเปลี่ยนเท่าไรครับ
완 니- 앗 뜨라- 래-ㄱ 쁠리-얀 타오 라이 크랍

B สามสิบบาทต่อหนึ่งดอลลาร์ คุณจะแลกเท่าไรคะ
싸-ㅁ 씹 바-ㅅ 떠- 능 더-ㄴ 라- 쿤 짜 래-ㄱ 타오 라이 카

A สามร้อยดอลลาร์ครับ
싸-ㅁ 러-이 더-ㄴ 라- 크랍

B กรุณากรอกในแบบฟอร์มนี้ด้วย
까 루 나- 끄러-ㄱ 나이 배-ㅂ 훠-ㅁ 니- 두-어 이

เขียนจำนวนเงินแล้วก็เซ็นชื่อตรงนี้นะคะ
키-얀 짬 누-언 응어-ㄴ 래-우 꺼- 쎈 츠- 뜨롱 니- 나 카

A เขียนอย่างนี้ถูกไหมครับ
키-얀 야-ㅇ 니- 투-ㄱ 마이 크랍

B ถูกค่ะ นี่ค่ะ
투-ㄱ 카 니- 카

เงินบาทกับใบเสร็จรับเงิน
응어-ㄴ바-ㅅ 깝 바이 쎗 랍 응어-ㄴ

A ขอบคุณมากครับ
커-ㅂ 쿤 마-ㄱ 크랍

A 실례합니다. 이 곳에서 환전할 수 있습니까?

B 물론입니다. 현금입니까? 여행자 수표입니까?

A 현금 100달러입니다
오늘 환율이 얼마입니까?

B 1달러당 30바트입니다. 얼마를 환전하시겠습니까?

A 300달러입니다.

B 이 서식에 기입하세요.
돈의 액수를 쓰시고, 이곳에 사인하세요.

A 이렇게 쓰면 맞습니까?

B 맞습니다, 여기 있습니다.
영수증과 바트(baht)화입니다.

A 대단히 감사합니다.

어구정리

แลก [래-ㄱ] 교환하다, 바꾸다 | **เงิน** [응어-ㄴ] 돈 | **ที่นี่** [티-니-] 이곳, 여기 | **สด** [쏫] 신선하다, 싱싱하다 | **เช็ค** [첵] 수표, 체크하다(check) | **เดินทาง** [더-ㄴ타-ㅇ] 여행하다 | **อัตรา** [앗뜨라-] 비율, 율 | **ดอลลาร์** [더-ㄴ라-] 달러(dollar) | **กรอก** [끄러-ㄱ] 기입하다 | **แบบ** [배-ㅂ] 모델, 형태 | **ฟอร์ม** [훠-ㅁ] 형식, 형태(form) | **แบบฟอร์ม** [배-ㅂ훠-ㅁ] 서식 | **จำนวน** [짬누-언] 수, 수량, 액수, 총액 | **เซ็นชื่อ** [쎈츠-] 사인하다, 서명하다 | **อย่างนี้** [야-ㅇ니-] 이처럼, 이와 같이 | **ถูก** [투-ㄱ] 옳다, 싸다 | **บาท** [바-ㅅ] 태국 화폐 단위 | **ใบเสร็จรับเงิน** [바이쎗랍응어-ㄴ] 영수증(= **บิล**) | **เปลี่ยน** [쁘리-얀] 바꾸다, 변하다

포인트

01 계산법

• 더하기 : บวก [부-억]

สามบวกห้าเป็นแปด 싸-ㅁ 부-억 하- 뻰 빼-ㅅ	3 + 5 = 8

• 빼기 : ลบ [롭]

สี่ลบหนึ่งเป็นสาม 씨-롭 능 뻰 싸-ㅁ	4 - 1 = 3

• 곱하기 : คูณ [쿠-ㄴ]

สองคูณเจ็ดเป็นสิบสี่ 써-ㅇ 쿠-ㄴ 쩻 뻰 씹 씨-	2 × 7 = 14

• 나누기 : หาร [하-ㄴ]

สิบหารห้าเป็นสอง 씹 하-ㄴ하- 뻰 써-ㅇ	10 ÷ 5 = 2

• 분수

หนึ่งในสาม 능 나이 싸-ㅁ	1/3

• 소수

สิบสามจุดห้าหนึ่ง 씹 싸-ㅁ 쭛 하- 능	13.51
ศูนย์จุดห้าสามเปอร์เซ็นต์ 쑤-ㄴ 쭛 하-싸-ㅁ 뻐- 쎈	0.53%

02 ต่อ [떠̀-]

비율이나 대비를 나타낼 경우 **ต่อ**를 사용한다.

ทีมเกาหลีชนะทีมไทยหนึ่งต่อศูนย์
티-ㅁ까오리- 차 나티-ㅁ타이 능 떠- 쑤-ㄴ

한국팀이 태국팀을 1대 0으로 이겼다.

หนึ่งบาทต่อสามสิบวอน 1바트당 30원
능 바-ㅅ 떠- 싸-ㅁ 씹 워-ㄴ

잠깐만요!

은행에서 유용한 표현

แลกเงินได้ที่ไหนครับ 어디에서 환전합니까?
래-ㄱ응어-ㄴ다이티-나이크랍

ที่แลกเงินอยู่ที่ไหนครับ 환전소가 어디입니까?
티-래-ㄱ응어-ㄴ유-티-나이크랍

รับเช็คเดินทางด้วยหรือเปล่าครับ 여행자수표도 받습니까?
랍 첵 더-ㄴ 타-ㅇ두-어이 르- 쁘라오 크랍

ขอใบเสร็จรับเงิน 영수증을 주세요.
커-바이 쎗 랍응어-ㄴ

ขอแบงค์ร้อยกับแบงค์ห้าร้อย 100바트 짜리와 500바트 짜리로 주세요.
커- 배-ㅇ 러-이 깝 배-ㅇ 하- 러-이

ขอแบงค์ย่อยด้วย 잔돈도 주세요.
커- 배-ㅇ 여-이두-어이

ที่แลกเงิน 환전소
เช็คเดินทาง 여행자수표
แบงค์ 지폐
ย่อย 작은

1 다음 ( ) 안에 알맞는 접속사를 보기에서 골라 넣으시오.

보기				
กับ	ถึงแม้ว่า	เพื่อ	เพราะ	ถ้าหาก
ราวกับ	ก็ตาม	แล้วก็	หรือ	เมื่อ

① เขา ( ) น้องชายเขาขยันมาก
그와 그의 동생은 매우 부지런하다.

② ประเทศไหน ( ) ควรจะมีทรัพยกรธรรมชาติมากมาย
어느 나라든지 천연자원이 많이 있어야 한다.

③ ลูกชายกลับจากโรงเรียน ( ) ทำการบ้าน
아들은 학교에서 돌아와서 숙제를 한다.

④ คุณจะซื้อเสื้อนี้ ( ) เสื้อโน้น
당신은 이 옷을 살거예요? 저 옷을 살거예요?

⑤ ( ) ผมอยู่ที่เมืองไทยผมเคยรู้จักกับเพื่อนคนไทยหลายคน
내가 태국에 있을 때 나는 여러 명의 태국인 친구와 사귄 적이 있다.

⑥ ( ) คุณทำงานเสร็จแล้วคุณจะกลับบ้านก็ได้
당신은 일을 마쳤으면 집에 돌아가도 좋습니다.

⑦ ( ) คุณพ่อผมมีอายุมากแต่ยังแข็งแรง
아버지는 연세가 많으시지만 아직도 건강하시다.

⑧ เราต้องขยันเรียน ( ) จะสอบเข้ามหาวิทยาลัย
우리는 대학에 들어가기 위해서 열심히 공부해야 한다.

⑨ ปีนี้กรุงเทพน้ำท่วม ( ) ฝนตกมาก
올해 방콕에는 홍수가 났다. 왜냐하면 비가 많이 내렸기 때문에.

⑩ เขาพูด ( ) ผู้ใหญ่
그는 마치 어른처럼 말을 한다.

2 아래 각각의 두 문장을 접속사를 이용하여 한 문장으로 연결시키시오.

① เธอรักผม → ______________________

ผมไม่รักเธอ

② เขาไม่มา → ______________________

เราจะทำอย่างไร

③ คนนั้นถูกไล่ออก → ______________________

เขาเป็นคนไม่ดี

④ เรามีเงินน้อย → ______________________

เราสู้เขาไม่ได้

⑤ เขาเรียนจบแล้ว → ______________________

เขาได้งานทำ

3 다음을 태국어로 옮기시오.

① 2 + 1 = 3

② 10 - 6 = 4

③ 48 ÷ 3 = 16

④ 3 × 7 = 21

⑤ 54%

⑥ 3/5

알아둡시다

ไปรษณีย์ (우체국)

쁘라이 싸 니-

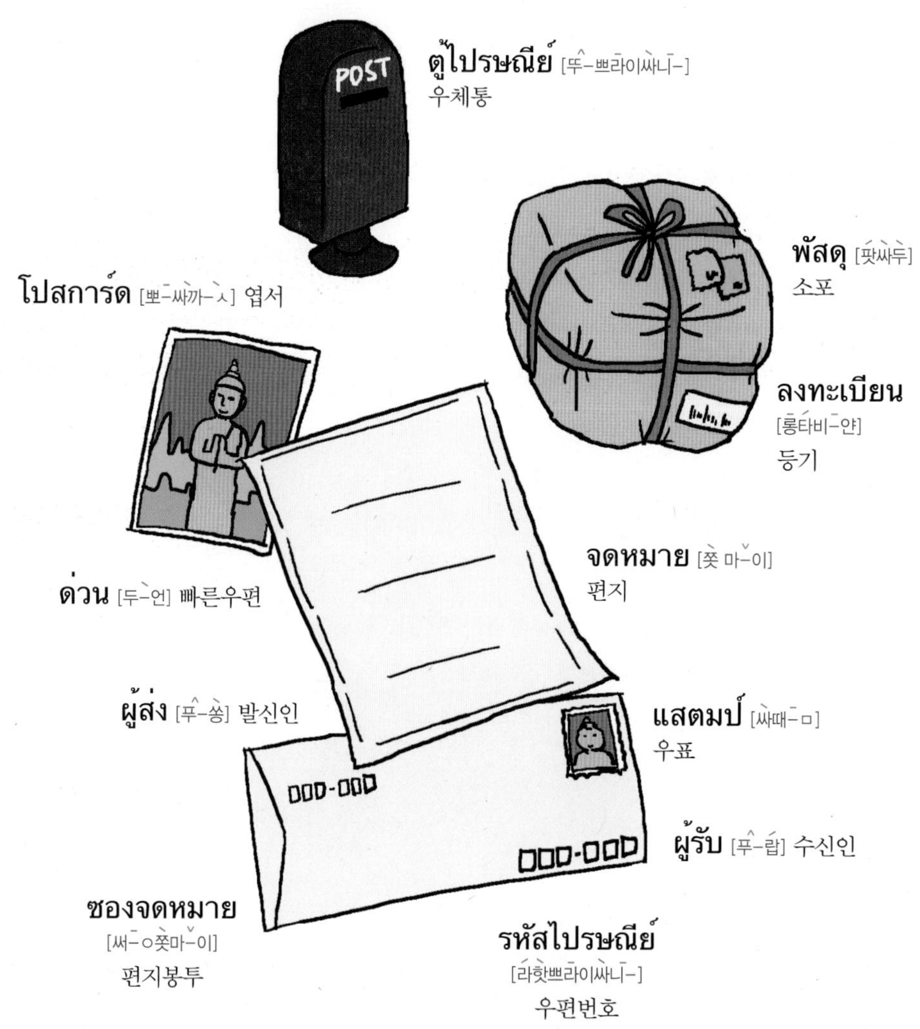

Part 18

วันนี้ร้อนกว่าเมื่อวานนี้

오늘은 어제보다 덥다.

비교 · 최상급

태국어의 일반적인 비교문은 두 주체 사이에 「~보다」라는 뜻의 「**กว่า**」를 쓰고, 최상급은 형용사나 부사 뒤에 「**ที่สุด**」을 쓴다. 태국어에서는 급에 따른 어형변화가 일어나지 않는다.

핵심포인트

완 니- 러-ㄴ 꽈- 므-아 와-ㄴ 니-
วันนี้ ร้อน กว่า เมื่อวานนี้
① ④ ③ ②

오늘은 어제보다 덥다.
① ② ③ ④

니- 마이투-ㄱ 꽈- 난
นี่ ไม่ถูก กว่า นั่น
① ⑤ ④ ③ ②

이것은 저것보다 싸지 않습니다.
① ② ③ ④ ⑤

터- 뻰 콘 쑤-ㅇ 티- 쏫 나이허-ㅇ니-
เธอ เป็น คนสูง ที่สุด ในห้องนี้
① ⑧ ⑦ ⑥ ⑤ ④ ③ ②

그녀는 이 방에서 가장 키가 큰 사람이다.
① ②③ ④ ⑤ ⑥ ⑦ ⑧

기본회화

A	คุณชอบสีอะไรครับ 쿤 처^ㅂ 씨ˇ- 아 라이 크랍	당신은 무슨 색을 좋아합니까?
B	ดิฉันชอบสีเหลืองมากกว่า 디 찬 처^ㅂ 씨ˇ- 르ˇ앙 마^ㄱ 꽈ˋ-	저는 다른 색보다 노란색을 더
	สีอื่น ๆ 씨ˇ-으ˋ-ㄴ으ˋ-ㄴ	좋아합니다.
A	เมืองไทยร้อนไหมครับ 므-앙 타이 러´-ㄴ 마ˇ이 크랍	태국은 덥습니까?
B	ร้อนมากค่ะ 러´-ㄴ 마^ㄱ 카^	매우 덥습니다.
	ร้อนกว่าประเทศเกาหลี 러´-ㄴ 꽈ˋ- 쁘라 테^-ㅅ 까오 리ˇ-	한국보다도 더 덥습니다.

새로운 낱말

ร้อน [러´-ㄴ] 덥다 | **เมื่อวานนี้** [므^-아와-ㄴ니´-] 어제 | **สูง** [쑤ˇ-ㅇ] 키가 크다, 높다 | **ชอบ** [처^-ㅂ] 좋아하다 | **สี** [씨ˇ-] 색 | **อื่น** [으ˋ-ㄴ] 다른 | **ร้าน** [라´-ㄴ] 가게 | **ของ** [커ˇ-ㅇ] 물건, ~의(소유격) | **แพง** [패-ㅇ] 비싸다 | **แหวน** [왜ˇ-ㄴ] 반지 | **เพชร** [펫´] 다이아몬드 | **สินค้า** [씬카´-] 상품, 물건

A **ในร้านนี้สินค้าอะไรราคาแพงที่สุด** 이 가게에서 어떤 물건이 가장 비쌉니까?

나이 라-ㄴ 니- 씬 카- 아 라이 라- 카- 패-ㅇ 티- 쑷

B **แหวนเพชรแพงที่สุด** 다이아반지가 제일 비쌉니다.

왜-ㄴ 펫 패-ㅇ 티- 쑷

01 비교문

태국어의 비교문은 두 주체 사이에 「~보다」라는 뜻의 **กว่า** [꽈-]를 써서 만든다. 이 외에도 **เดียว** [디-야우](~같은), **เหมือน** [므-안](~처럼), **เท่า** [타오](~만큼), **ยิ่ง** [ying](더욱더) 등을 이용한 비교문이 있다.

• กว่า를 사용한 비교문

ตึกนี้ใหญ่กว่าตึกโน้น 이 건물은 저 건물보다 크다.
뜩 니- 야이 꽈- 뜩 노-ㄴ

เขาวิ่งเร็วกว่าคุณ 그가 당신보다 빨리 뛴다.
카오 윙 레우 꽈- 쿤

ปีนี้ฝนตกมากกว่าปีที่แล้ว 올해는 작년보다 비가 많이 온다.
삐-니-혼똑 마-ㄱ꽈-삐-티-래-우

ตึก 건물
วิ่ง 뛰다
ปีนี้ 올해
ปีที่แล้ว 작년

• เดียว / เหมือน / เท่า를 사용한 비교문

ผมอ่านหนังสือเล่มเดียวกับคุณ 나는 당신과 같은 책을 읽는다.
폼 아-ㄴ 낭 쓰- 레-ㅁ 디-야우 깝 쿤

ห้องนี้กว้างเหมือนห้องคุณ 이 방은 당신 방만큼 넓다.
허-ㅇ니- 꽈-ㅇ 므-안 허-ㅇ 쿤

เธอสูงเท่าคุณแม่ 그녀는 어머니만큼 키가 크다.
터-쑤-ㅇ타오 쿤 매-

คุณหน้าเหมือนดารา 당신의 얼굴은 영화배우와 닮았다.
쿤 나- 므-안 다- 라-

ทาง 길
กว้าง 넓다

• ยิ่ง을 사용한 비교문

ความสัมพันธ์สองประเทศใกล้ชิดยิ่งขึ้น
콰-ㅁ 쌈 판 써-ㅇ 쁘라테-ㅅ끌라이 칫 ying 큰
양국의 관계가 더욱더 밀접해지다.

ความสัมพันธ์ 관계
ชิด 붙다, 접근하다
ใกล้ชิด 친근하다, 밀접하다, 가깝다

02 ยิ่ง ~ ยิ่ง [yîng ~ yîng]

「~하면 할수록, (더욱) ~하다」라는 의미로 정도의 증가를 나타낸다.

ยิ่งมากยิ่งดี 많으면 많을수록 좋다.
yîng마-ㄱyîng디-

ยิ่งโตยิ่งสวยขึ้น 커가면 커갈수록 예뻐진다.
yîng또-yîng쑤-어이큰

ยิ่งขยันยิ่งเก่ง 부지런하면 부지런할수록 더욱 잘한다.
yîng카얀 yîng께-ㅇ

โต 크다, 성장하다

03 최상급

태국어의 최상급은 **ที่สุด** [티-쑷]을 사용하여 만든다.

กระเป๋าใหญ่ที่สุด 가장 큰 가방
끄라 빠오 야이 티- 쑷

ประธานาธิบดีมีอำนาจมากที่สุด
쁘라타-나-티버디-미-암나-ㅅ마-ㄱ 티- 쑷
대통령은 가장 많은 권력을 가지고 있다.

ประธานาธิบดี 대통령
อำนาจ 힘, 권력

อาหาร (음식)

아– 하–ㄴ

A เชิญครับเชิญนั่งตรงนี้ครับ
처–ㄴ 크랍 처–ㄴ 낭 뜨롱 니– 크랍

B ขอดูเมนูหน่อยค่ะ
커– 두– 메– 누– 너–이 카

อาหารพิเศษในร้านนี้คือเมนูอะไรคะ
아– 하–ㄴ 피 쎄–ㅅ 나이 라–ㄴ 니– 크– 메– 누– 아 라이 카

A อาหารทุกอย่างอร่อยครับ
아– 하–ㄴ 툭 야–ㅇ 아러–이 크랍

B งั้น ขอต้มยำกุ้งกับข้าวผัดกุ้งหนึ่งจานค่ะ
응안 커– 똠 얌 꿍 깝 카–우 팟 꿍 능 짜–ㄴ 카

A เอาเครื่องดื่มอะไรครับ
아오 크르–앙 드–ㅁ 아 라이 크랍

B ขอน้ำส้มแก้วหนึ่งค่ะ
커– 남 쏨 깨–우 능 카

A อาหารอร่อยไหมครับ
아– 하–ㄴ 아러–이 마이 크랍

B อร่อยมากค่ะ แต่เผ็ดนิดหน่อย
아러–이 마–ㄱ 카 때– 펫 닛 너–이

A 어서 오십시오. 이쪽으로 앉으시지요.

B 메뉴 좀 보여 주세요.

이 식당의 특별 음식은 무슨 메뉴입니까?

A 모든 음식이 맛있습니다.

B 그러면 「똠얌꿍」과 새우볶음밥 한 접시 주세요.

A 음료수는 무엇으로 하시겠어요?

B 오렌지쥬스 한잔이요.

A 맛있습니까?

B 아주 맛있습니다. 그러나 좀 맵군요.

어구정리

เชิญ [처-ㄴ] 권유 조동사, ~하십시오(please) | **นั่ง** [낭] 앉다 | **ตรง** [뜨롱] 곳, 지점 | **เมนู** [메-누-] 메뉴 (= **รายการอาหาร** 라-이까-ㄴ아-하-ㄴ) | **พิเศษ** [피쎄-ㅅ] 특별하다 | **ร้านอาหาร** [라-ㄴ아-하-ㄴ] 음식점, 식당(= **ห้องอาหาร** 허-ㅇ아-하-ㄴ) | **ทุกอย่าง** [툭야-ㅇ] 모든 것 | **อร่อย** [아러-이] 맛있다 | **งั้น** [응안] 그러면, 그렇다면 | **หน่อย** [너-이] 좀 | **ต้มยำกุ้ง** [똠얌꿍] 태국식 찌개의 일종 | **ข้าวผัด** [카-우팟] 볶음밥 | **กุ้ง** [꿍] 새우 | **จาน** [짜-ㄴ] 접시 | **เอา** [아오] 가지다, 취하다 | **เครื่องดื่ม** [크르-앙드-ㅁ] 마실 것, 음료수 | **ส้ม** [쏨] 귤 | **แก้ว** [깨-우] 컵(glass) | **เผ็ด** [펫] 맵다

포인트

잠깐만요!

알아두면 유용한 태국음식 1

• 볶음음식

볶음음식은 주로 야채를 곁들인 육류나 어패류의 볶음음식인데, 어떤 재료를 썼느냐에 따라 음식의 이름이 결정된다.

ข้าวผัดกุ้ง(ปู, ไก่, หมู) 카-우 팟 꿍 (뿌- 까이 무-)	새우(게, 닭고기, 돼지고기) 볶음밥
ข้าวผัดอเมริกัน 카-우 팟 아 메- 리 깐	아메리칸식 볶음밥
ไข่เจียวหมูสับ 카이찌-야우무- 쌉	다진 돼지고기를 넣은 오믈렛
ผัดเปรี้ยวหวาน 팟 쁘리-여우 와-ㄴ	새콤 달콤한 야채 볶음 요리
ผักบุ้งไฟแดง 팍 붕 화이대-ㅇ	팍붕볶음(팍붕은 우리나라의 미나리와 비슷한 야채이며 팍붕화이댕은 팍붕을 태국 된장에 버무려 볶은 것으로 태국사람이 매우 즐겨 찾는 음식이다.)

깽키여우, 카이찌여우무쌉, 팟쁘리여우완

꿍 요리

잠깐만요!

알아두면 유용한 태국음식 2

เนื้อผัดน้ำมันหอย 조개기름으로 볶은 쇠고기볶음
느-아 팟 남 만 허-이

หอยลายผัดน้ำพริกเผา 카레를 넣고 볶은 조개볶음
허-이 라-이 팟 남 프릭 파오

กุ้งผัดพริก 고추를 넣고 볶은 새우볶음
꿍 팟 프릭

ปลาหมึกทอดกระเทียมพริกไทย 마늘과 후추를 넣고 튀긴 오징어 마늘 튀김
쁘라- 믁 터-ㅅ 끄라 티-얌 프릭 타이

ปูผัดผงกะหรี่ 카레가루로 볶은 게 요리
뿌- 팟 퐁 까 리-

• 무침음식(각종 냉채)

태국의 무침음식은 **ยำ** [얌], **ลาบ** [라-ㅂ], **ตำ** [땀], **พล่า** [프라-] 등 조리방법에 따라 명칭이 다르며 맛과 종류가 다양하다.

ลาบเนื้อ 다진 쇠고기무침
라-ㅂ느-아

ปลาพล่า 생선무침
쁘라-프라-

กุ้งพล่า 새우무침
꿍 프라-

ยำกุ้งแห้ง 마른 새우무침
얌 꿍 해-ㅇ

ยำวุ้นเส้น 당면무침(잡채)
얌 운 쎄-ㄴ

ยำปูดอง 게장무침
얌 뿌 더-ㅇ

ส้มตำ 파파야 생채무침
쏨 땀

• 튀김음식

กุ้งชุบแป้งทอด 새우튀김
꿍 춥 빼-ㅇ 터-ㅅ

ไก่(หมู, เนื้อ)ทอด 닭(돼지고기, 소고기)튀김
까이 (무- 느-아) 터-ㅅ

포인트

잠깐만요!

알아두면 유용한 태국음식 3

• 깨-ㅇ(แกง)과 똠(ต้ม)

「깽」은 주로 국물이 적은 카레와 같은 음식을 칭하고, 「똠」은 주로 탕과 같은 국물이 많은 음식을 지칭하지만 때로는 그런 명확한 구분 없이 융통성있게 명칭을 사용한다.

「깽」이나 「똠」은 우리나라의 국 종류처럼 개인별로 떠놓고 먹지 않고 찌개처럼 중앙에 놓고 먹는데, 반드시 공동으로 사용하는 스푼을 사용해서 각자의 접시나 공기에 떠놓고 먹는다.

แกงเผ็ด 깨-ㅇ 펫	육류에 야자즙과 각종 향신료를 사용하여 걸쭉하게 끓인 탕으로 맛이 매콤하여 국물이 진하다.
แกงเขียวหวาน 깨-ㅇ키-야우 와-ㄴ	육류에 야자즙과 각종 향신료를 사용하여 걸쭉하게 끓인 탕으로 맛이 고소하고 매콤하며 향이 짙고 국물이 진하다.
แกงส้มปลา 깨-ㅇ 쏨 쁘라-	생선과 각종 향신료를 넣어 끓인 탕으로 우리나라의 김치찌개나 생선 매운탕과 맛이 비슷하다.
ต้มยำ 똠 얌	육류와 어류에 각종 향신료를 넣어 끓인 맛이 매콤하고 시큼한 탕으로 외국인들이 즐겨 찾는다.
ต้มจืด 똠 쯔-ㅅ	육류나 어류 그리고 각종 야채와 버섯을 넣어 끓인 맑은 탕.

• 죽 종류

โจ๊ก 쪼-ㄱ	쌀알이 보이지 않게 국물이 엉기도록 끓인 다음 돼지 살코기 다진 것과 내장을 넣고 끓인 죽으로 아침식사 대용으로 먹는다.
ข้าวต้ม 카-우 똠	흰 죽으로 식욕이 없거나 간식으로 먹고자 할 때 많이 찾는 음식이다. 계란 부침, 생선 말린 것, 각종 장아찌나 채소절임 등과 함께 먹는다.

• 면류

태국의 면 종류로는 「꾸어이띠여우」, 「바미」, 「카놈찐」 등이 있는데, 주로 노상이나 시장에서 점심 때와 늦은 저녁에 간식으로 많이 먹는다. 우리나라의 면 종류와 다른 점은 면발의 양은 적지만 어육류 및 각종 야채 등의 재료들을 푸짐하게 넣는다는 것이다. 또한 면의 굵기가 달라 넓적한 면을 「쎄-ㄴ 야이」 가느다란 면을 「쎄-ㄴ 렉」, 라면발과 같은 노란색의 면을 「쎄-ㄴ미」라고 부른다.

잠깐만요!

알아두면 유용한 태국음식 4

ก๋วยเตี๋ยวน้ำ 꾸-어이띠-야우남	온면(물국수)	**ก๋วยเตี๋ยวทะเล** 꾸-어이띠-야우타레-	해물국수
ก๋วยเตี๋ยวแห้ง 꾸-어이띠-야우해-ㅇ	비빔국수	**บะหมี่แห้ง** 바 미- 해-ㅇ	비빔국수 (면발이 노란색임)
ขนมจีน 카놈찌-ㄴ	소면	**ก๋วยจั๊บ** 꾸-어이짭	넓적한 면과 돼지 내장을 넣은 온면
เย็นตาโฟ 옌 따- 포-	빨간색의 물국수		

• **후식**

간식이나 후식으로는 과일과「카놈(과자, 떡)」등 종류가 다양하게 있다.

ขนม 카놈	과자나 떡 종류의 총칭	**ผลไม้** 폰라마이	과일

• **태국음식 식사요령**

원래 태국에서는 준비한 음식을 반상 또는 대나무나 원목으로 만든 마루 바닥에 모두 차려 놓고 빙 둘러앉아 손을 사용하여 식사를 했다. 손으로 먹는 관습은 서구문화가 유입되면서 점차 스푼과 포크를 사용하는 문화로 바뀌어가고 있다. 그러나 일부 농촌에서는 아직도 손으로 먹는 습관을 쉽게 바꾸지 않고 있다.

오늘날 일반적으로 태국에서는 식탁을 사용하고 식기는 납작한 접시와 우묵한 접시들을 사용하고 있다. 두 손으로 스푼과 포크를 사용하는데 포크는 접시의 음식을 스푼으로 뜰 때 보조역할을 하며, 스푼에 붙은 음식을 제거하는 데 사용한다. 이러한 스푼과 포크는 각 개인의 접시에 담겨 있는 음식을 떠 먹을 때만 사용하며 다른 그릇에 담겨 있는 공동의 음식을 먹을 때는 개인이 사용하는 스푼으로 직접 떠먹지 않고「천끌랑」이라는 '공동 스푼'을 사용해서 각자의 식기에 덜어 온 다음 개인의 스푼으로 먹는다.

1 아래 문장을 보기와 같은 형식으로 바꾸시오

보기			
	ผมสูง (나는 키가 크다.)	→	**ผมสูงเท่าคุณ** (나는 당신만큼 키가 크다.)
		→	**ผมสูงกว่าคุณ** (나는 당신보다 키가 크다.)
		→	**ผมสูงที่สุด** (나는 가장 키가 크다.)

① **บ้านดิฉันใหญ่** (나의 집은 크다.)

→

→

→

② **ดิฉันมีเงิน** (나는 돈이 있다.)

→

→

→

③ **เขาวิ่งเร็ว** (그는 빨리 달린다.)

→

→

→

Part

19 คุณแม่สั่งลูกให้ไปซื้อของ

어머니는 자식에게 물건을 사러 가도록 시킨다.

사역문

주어와 동사 간의 사역 관계를 밝히려고 할 때 사용하는 문형으로 「~에게 ~을(를) 시키다」라는 의미를 갖는다.

핵심포인트

쿤 매- 쌍 루-ㄱ 하이 빠이 쓰- 커-ㅇ

คุณแม่สั่งลูกให้ไปซื้อของ

① ⑦ ② ⑥ ③ ⑤ ④

어머니는 자식에게 물건을 사러 가도록 시킨다.

① ② ③ ④ ⑤ ⑥ ⑦

크루-버-ㄱ 하이 카오 아오 남 마-

ครูบอกให้เขาเอาน้ำมา

① ⑦ ⑥ ② ④ ③ ⑤

선생님은 그에게 물을 가지고 오도록 말합니다.

① ② ③ ④ ⑤ ⑥ ⑦

기본 회화

A **ฮัลโหล** 여보세요!
한 로ˇ-

คุณคิมอยู่ไหมครับ 김 선생님 계십니까?
쿤 킴 유ˋ- 마ˇ이 크ˊ랍

B **ไม่อยู่ค่ะ เขาออกไปข้างนอก** 안 계십니다. 그는 외출하셨습니다.
마ˆ이 유ˋ- 카ˆ 카ˇ오 어ˋ-ㄱ 빠ˉ이 카ˆ-ㅇ 너ˆ-ㄱ

A **ถ้าเขากลับมาช่วยบอกให้** 만약 그가 돌아오면 저에게
타ˆ- 카ˇ오 끄ˋ랍 마ˉ- 추ˆ-어이 버ˋ-ㄱ 하ˆ이

โทรกลับหาผมหน่อยครับ 전화하시라고 말해 주세요.
토ˉ- 끄ˋ랍 하ˇ- 폼ˇ 너ˋ-이 크ˊ랍

B **ได้ค่ะ** 알겠습니다.
다ˆ이 카ˆ

새로운 낱말

ให้ [하ˆ이] ~하게 하다 | **สั่ง** [쌍ˋ] 주문하다, 명령하다, 시키다 | **บอก** [버ˋ-ㄱ] 말하다 | **ออกไป** [어ˋ-ㄱ 빠ˉ이] 나가다, 외출하다 | **ข้างนอก** [카ˆ-ㅇ 너ˆ-ㄱ] 바깥 | **ถ้า** [타ˆ-] 만약, 만약에 | **กลับมา** [끄ˋ랍마ˉ-] 돌아오다 | **ช่วย** [추ˆ-어이] 도와주다 | **นาน** [나ˉ-ㄴ] 오랫동안 | **ประมาณ** [쁘라마ˉ-ㄴ] 대략, 약 | **ครึ่ง** [크ˆ릉] 반, ½ | **รอ** [러ˉ-] 기다리다

A **สวัสดีครับ** 안녕하세요.
싸왓 디- 크랍

คุณมานานแล้วหรือครับ 당신은 오신 지 오래 되셨나요!
쿤 마- 나-ㄴ 래-우 르- 크랍

B **มาถึงประมาณครึ่งชั่วโมงแล้วค่ะ** 도착한 지 30분 되었어요.
마- 틍 쁘라 마-ㄴ 크릉 추-어 모-ㅇ 래-우 카

A **ขอโทษครับที่ให้รอนาน** 오래 기다리게 해서 죄송합니다.
커- 토-ㅅ 크랍 티- 하이 러- 나-ㄴ

실용 회화

ท่าอากาศยาน (공항)

타̂- 아- 까̀-ㅅ 싸 야-ㄴ

A ที่นี่เคาน์เตอร์สายการบินไทยไปกรุงโซลใช่ไหมครับ

티̂- 니̂- 카오 뜨̂ㅓ- 싸̌-이 까-ㄴ 빈 타이 빠이 끄룽 쏘-ㄴ 차̂이 마̌이 크랍

B ใช่ค่ะ ขอตั๋วเครื่องบิน กับหนังสือเดินทางหน่อยค่ะ

차̂이 카̂ 커̌- 뚜̌-어 크르-앙 빈 깝 낭̌ 쓰̌- 더-ㄴ 타-ㅇ 너̀-이 카̂

มีกระเป๋ากี่ใบคะ

미- 끄라̀ 빠̌오 끼̀- 바이 카

A มีกระเป๋าใหญ่สองใบครับ

미-끄라̀ 빠̌오 야̀이 써̌-ㅇ 바이 크랍

ขอที่นั่งติดหน้าต่างนะครับ

커̌- 티̂- 낭̂ 띳 나̂- 따̀-ㅇ 나́ 크랍

B ค่ะ นี่บัตรโดยสารของคุณ

카̂ 니̂- 밧 도-이 싸̌-ㄴ 커̌-ㅇ 쿤

เชิญทางออกหมายเลขเก้า ขึ้นเครื่องได้ตั้งแต่เก้าโมงนะคะ

처-ㄴ 타-ㅇ 어̀-ㄱ 마̌-이 레̂-ㄱ 까̂오 큰̂ 크르̂-앙 다̂이 땅̂ 때̀- 까̂오 모-ㅇ 나́ 카́

A ขอบคุณครับ

커̀-ㅂ 쿤 크랍

어구정리

ท่า [타̂-] 부두, 선창, 항구 | **อากาศยาน** [아-까̀-ㅅ싸야̌-ㄴ] 비행기, 항공기 | **เคาน์เตอร์** [카오뜨̄ㅓ-] 카운터 | **สายการบิน** [싸̌-이까-ㄴ빈] 항공 | **กระเป๋า** [끄̀라빠̌오] 가방 | **ใบ** [바이] 가방을 셀 때의 수량사 | **ที่นั่ง** [티̂-낭̂] 좌석 | **ติด** [띳] 붙다, 붙이다, 붐비다, 설치하다 | **บัตรโดยสาร** [밧도-이 싸̌-ㄴ] 탑승권(boarding pass) | **หน้าต่าง** [나̂-따̀-ㅇ] 창문 | **โดยสาร** [도-이 싸̌-ㄴ] (배, 기차, 차)타다 | **หมายเลข** [마̌-이레̂-ㄱ] 번호 | **ทางออก** [타-ㅇ어̀-ㄱ] 출구, 게이트 | **ตั้งแต่** [땅̂때̀-] ~부터(시간)

A 여기가 서울 가는 태국 항공 카운터이지요?

B 네, 그렇습니다. 비행기표와 여권을 주세요.
가방은 몇 개입니까?

A 큰 가방 두 개입니다.
창가 쪽의 좌석으로 주세요.

B 네, 여기 당신의 탑승권입니다.
출구 번호는 9번이고 9시부터 탑승하실 수 있습니다.

A 감사합니다.

핵심 포인트

01 사역문

주어와 동사 간에 사역관계를 밝히려고 할 때 사용하는 문형으로 「~에게 ~을(를) 시키다」라는 의미를 갖는다. 태국어에서 사역을 나타내는 조동사로는 **ให้** [하이], **ทำให้** [탐하이] 등이 있으며 동사 앞이나 피사역자 앞에 위치한다.

ผมจะเล่าเรื่องนี้ให้คุณเข้าใจ
폼 짜 라오 르-앙니-하이 쿤 카오 짜이
내가 당신이 이해하도록 이 이야기를 말하겠습니다.

> **เล่า** 말하다
> **พอใจ** 만족하다

ดิฉันต้องการจะทำให้คุณพ่อคุณแม่พอใจ
디 찬 떠-ㅇ까-ㄴ 짜 탐 하이 쿤 퍼-쿤 매- 퍼- 짜이
나는 부모님이 만족하도록 하고 싶다.

ให้เขานั่งรถเมล์ไปโรงเรียน
하이 카오 낭 롯 메- 빠이로-ㅇ리-얀
그가 버스를 타고 학교에 가게 하라.

콘 극

잠깐만요!

비행기 예약과 관련된 유용한 표현

ขอจองตั๋วเครื่องบินไป ~ นะครับ 커-쩌-ㅇ 뚜-어 크르-앙빈 빠이 나 크랍	~가는 비행기 좌석을 예약하려 합니다.
ขอคอนเฟิร์มตั๋วเครื่องบินหน่อยครับ 커- 커-ㄴ 훠-ㅁ 뚜-어 크르-앙 빈 너-이 크랍	좌석 예약 재확인하려고 합니다.
งั้นขอจองใหม่นะครับ 응안 커-쩌-ㅇ 마이 나 크랍	그러면, 다시 예약해 주세요.
ขอโทษ อยากจะเปลี่ยนวันเวลา 커-토-ㅅ 야-ㄱ 짜 쁘리-얀 완 왜- 라-	실례지만, 여행일을 변경하고 싶습니다.
เดินทางครับ 더-ㄴ타-ㅇ크랍	
ขอที่นั่งชั้นประหยัด 커- 티- 낭 찬 쁘라 얏	일반석으로 주세요.
ที่นั่งชั้นประหยัดเต็มแล้วค่ะ 티- 낭 찬 쁘라 얏 뗌 래-우 카	일반석은 모두 찼습니다.
ขอที่นั่งติดหน้าต่าง(ทางเดิน)ครับ 커-티- 낭 띳 나- 따-ㅇ(타-ㅇ더-ㄴ) 크랍	창가 (복도 쪽) 좌석으로 주세요.
ขอที่นั่งคู่กับเพื่อนผมหน่อย 커-티- 낭쿠- 깝 프-안 폼 너-이	친구와 함께 앉을 수 있도록 해 주세요.
ช่วยหาที่นั่งให้ผมหน่อย 추-어이하-티-낭하이 폼 너-이	제 좌석 좀 찾아 주세요.
กรุณาบอกชื่อและหมายเลข 까루 나-버-ㄱ 츠- 래 마-이 레-ㄱ	성명과 비행기편을 말씀해 주세요.
เที่ยวบินหน่อยค่ะ 티-야우 빈 너-이 카	
ชื่อ ~ และ ที จี สองสามห้า 츠- 래 티-찌-써-ㅇ 싸-ㅁ 하-	이름은 ~이고 치앙마이 가는
ไปเชียงใหม่ครับ 빠이 치-양 마이 크랍	T.G.235편입니다.

포인트

잠깐만요!

비행기 예약과 관련된 유용한 표현

มีเที่ยวไปเชียงใหม่ตอนไหนครับ 미–티–야우 빠이 치–양마이떠–ㄴ 나이 크랍	치앙마이 가는 비행기는 언제 있습니까?
กรุณาบอกเที่ยวบินและเวลา 까 루 나– 버–ㄱ 티–야우 빈 래 외– 라–	비행기편과 여행 시간을 알려주세요.
เดินทางด้วยค่ะ 더–ㄴ타–ㅇ두–어이카	
ไปเมื่อไรคะ(ไปวันที่เท่าไรคะ) 빠이므–아라이카(빠이 완 티– 타오라이 카)	언제 출발이십니까?(며칠 출발이십니까?)
วันที่ 25 เดือนกรกฎาคม 완티–yi 씹하–드–안 까 라 까다–콤	7월 25일입니다.
ผมจะไป(เมือง)ภูเก็ต 폼 짜 빠이 (므–앙) 푸–껫	저는 푸껫으로 가려고 합니다.
ทางออกที่เท่าไรครับ 타–ㅇ어–ㄱ티–타오라이크랍	몇 번 출구입니까?
เคาน์เตอร์เที่ยวบิน - อยู่ที่ ไหนครับ 카오 떠– 티–야우 빈 유–티– 나이 크랍	~항공의 탑승수속대가 어디입니까?
จะถึงช้ากว่ากำหนดประมาณ 30 นาที 짜 틍 차– 꽈– 깜 놋 쁘라 마–ㄴ 싸–ㅁ 씹 나–티–	예정보다 30분 늦게 도착할 겁니다.
ของนี้เป็นของแตกง่าย 커–ㅇ니–뻰 커–ㅇ 때–ㄱ응아–이	이 물건은 깨지기 쉬운 것입니다.
มีกระเป๋าทั้งหมดสามใบครับ 미– 끄라 빠오 탕 못 싸–ㅁ 바이 크랍	짐은 모두 세 개입니다.
ไม่มีกระเป๋าครับ 마이 미– 끄라 빠오 크랍	짐이 없습니다.

จอง 예약하다 | **ชั้น** 등급 | **ประหยัด** 절약하다 | **เต็ม** 차다 | **คอนเฟิร์ม** 확인하다(confirm) | **เที่ยวบิน** 항공편 | **เปลี่ยน** 바꾸다 | **หน้าต่าง** 창문 | **ทางเดิน** 복도 | **กำหนด** 규정하다, 정하다 | **แตก** 부서지다 | **ง่าย** 쉽다

1 **아래 한국어를 태국어로 작문하시오.**

① 선생님께서 학생들에게 책을 읽으라고 하십니다.

____

② 그는 매일 저에게 방을 청소하도록 시킵니다.

____

③ 학생에게 책을 가지고 오도록 시켜라.

____

알아둡시다

ผัก / ผลไม้ (야채/과일)

팍 폰라 마이

แครอท [캐-러-ㄷ] 홍당무

กะหล่ำปลีฝรั่ง
[까람 쁘리- 화랑] 양배추

ต้นหอม [뜬 허-ㅁ] 파

หัวหอมใหญ่
[후-어 허-ㅁ 야이] 양파

มันฝรั่ง [만 화랑] 감자

ฟักทอง [확터-ㅇ] 호박

ผักกะหล่ำปลี [팍 까람 쁘리-] 배추
หัวไชเท้า [후-어 차이 타오] 무

กระเทียม [끄라 티-얌] 마늘
แตงกวา [때-ㅇ 꽈-] 오이

ทุเรียน [투리-얀] 투리얀

แตงโม [때-ㅇ모-] 수박

องุ่น [아응운] 포도

สับปะรด [쌉빠롯] 파인애플

กล้วย [끄루-어이] 바나나

แอปเปิ้ล [애-ㅂ뻐-ㄴ] 사과
ลูกแพร์ [루-ㄱ패-] 배
ลูกท้อ [루-ㄱ터-] 복숭아
ลูกพลับ [루-ㄱ프랍] 감

Part 20

ผมถูกรถชน

나는 차에 치였습니다.

수동문

「~에 의해 ~을(를) 당하다」라는 의미의 문형으로 주어와 동사 간의 수동관계를 분명히 밝히려고 할 때 사용하는 문형이다.

핵심포인트

폼 투-ㄱ 롯 촌

ผม ถูก รถ ชน 　　나는 차에 치였습니다.

① ③ ② ③ 　　① ② ③ ④

누- 투-ㄱ 매-우 짭

หนู ถูก แมว จับ 　　쥐가 고양이에게 잡혔습니다.

① ④ ② ③ 　　① ② ③ ④

기본 회화

A **คุณช่วยบอกให้**
쿤 추-어이 버-ㄱ 하이
당신 그에게 서둘러 집으로

เขารีบกลับบ้านนะครับ
카오 리-ㅂ 끄랍 바-ㄴ 나 크랍
돌아가라고 하십시오.

B **มีเรื่องด่วนอะไรคะ**
미- 르-앙 두-언 아 라이 카
무슨 급한 일 있어요?

A **คุณพ่อเขาถูกรถชน**
쿤 퍼- 카오 투-ㄱ 롯 촌
그의 아버지가 차에 치이셔서

และได้รับบาดเจ็บ
래 다이 랍 바-ㅅ 쩹
다쳤습니다.

B **ฮะ! จริงหรอ**
하 찡 러-
아이고! 정말입니까?

เขาเพิ่งออกไป
카오 퍼-ㅇ 어-ㄱ 빠이
그는 방금 나갔습니다.

A **ไปไหนครับ**
빠이 나이 크랍
어디 갔습니까?

어구정리

ถูก [투-ㄱ] 당하다 | **ชน** [촌] 충돌하다. 부딪치다 | **หนู** [누-] 쥐 | **แมว** [매-우] 고양이 | **จับ** [짭] 잡다 | **รีบ** [리-ㅂ] 서두르다 | **เรื่อง** [르-앙] 이야기, 일, 문제 | **ได้รับ** [다이랍] 받다 | **บาดเจ็บ** [바-ㅅ쩹] 상처를 입다, 다치다, 부상하다 | **คัด** [캇] 선발하다, 뽑다, 선출하다 | **เลือก** [르-악] 선발하다, 뽑다, 선출하다 | **ตัวแทน** [뚜-어태-ㄴ] 대리인, 대표 | **บริษัท** [버리쌋] 회사 | **รัฐบาล** [랏타바-ㄴ] 정부 | **รางวัล** [라-ㅇ완] 상 | **ติดต่อ** [띳떠-] 연락하다 | **ด่วน** [두-언] 급하다, 신속하다 | **ฮะ** [하] (감탄사) 놀랄 때 | **ทันที** [탄티-] 즉시

B	เขาได้รับคัดเลือกเป็น 카오 다이 랍 캇 르-악 뻰	그는 회사대표로
	ตัวแทนบริษัท 뚜-어 태-ㄴ 버 리 쌋	선발되어 정부로부터
	ไปรับรางวัลจากรัฐบาล 빠이 랍 라-ㅇ 완 짜-ㄱ 랏 타 바-ㄴ	상을 받으러 갔습니다.
	ถ้าติดต่อกับเขาได้แล้ว 타- 띳 떠- 깝 카오 다이 래-우	만약 그와 연락이 된다면
	ดิฉันจะบอกให้รีบกลับ 디 찬 짜 버-ㄱ 하이 리-ㅂ 끄랍	제가 서둘러 즉시 돌아가도록
	ทันทีนะคะ 탄 티- 나 카	말해 줄게요.

01 수동문

「~에 의해 ~을(를) 당하다」라는 의미의 문형으로 주어와 동사 간의 수동관계를 분명히 밝히려고 할 때 사용하는 문형이다. 태국어에서 수동문을 만들 때는 **โดน** [도-ㄴ], **ถูก** [투-ㄱ], **ได้รับ** [다이랍] 등의 조동사를 사용하며 동사와 목적어 앞에 위치한다. **โดน**, **ถูก**은 주로 불미스러운 일을 당했을 때 쓰이고, **ได้รับ**은 경사스러운 경우에 사용한다.

คุณแม่ดุน้อง 쿤 매- 두 너-ㅇ	어머니가 동생을 꾸짖는다.(능동태)
น้องถูกคุณแม่ดุ 너-ㅇ투-ㄱ쿤 매- 두	동생은 어머니에게 꾸지람을 듣는다.(수동태)
ตำรวจจับขโมย 땀 루-엇 짭 카 모-이	경찰이 도둑을 잡는다.(능동태)
ขโมยถูกตำรวจจับ 카모-이투-ㄱ 땀루-엇 짭	도둑이 경찰에게 잡히다.(수동태)
ผมได้รับเชิญ 폼 다이 랍 처-ㄴ	나는 초청을 받았다.(수동태)
คุณพ่อได้รับจดหมาย 쿤 퍼- 다이 랍 쫏 마-이	아버지는 편지를 받았다.(수동태)

ดุ 꾸짖다, 나무라다, 사납다
ตำรวจ 경찰
ขโมย 도둑
เชิญ 초청, 초청하다
จดหมาย 편지

02 รีบ [리-ㅂ]

「서둘러서 ~하다」라는 표현은 「**รีบ** + 동사」의 형태를 취하면 된다.

รีบไป 리-ㅂ빠이	서둘러 가라.
เขารีบทำงาน 카오리-ㅂ탐응아-ㄴ	그는 서둘러 일을 한다.
เขารีบขับรถ 카오리-ㅂ 캅 롯	그는 서둘러 운전한다.

01 ช่วย [추-^어이]

ช่วย는 「돕다, 도와주다」라는 의미로 상대방에게 어떠한 요구나 부탁을 할 때 자주 쓰이는 말이다.

ช่วยยกกระเป๋าหน่อย 추-^어이욕 끄라 빠오 너-이	가방 좀 들어 주세요.	ยก 들다
ช่วยหาหนังสือหน่อย 추-^어이하- 낭 쓰- 너-이	책 좀 찾아 주세요.	
ช่วยกินหน่อย 추-^어이낀 너-이	먹는 것 좀 도와 주세요.	

데이쑤텝사원

포인트

잠깐만요!

분실 · 도난 · 사고와 관련된 유용한 표현

ผมลืมกระเป๋าไว้ในรถแท็กซี่
폼 르-ㅁ 끄라 빠오 와이나이롯 택 씨-
제가 가방을 택시에 놓고 내렸습니다.

ตอนที่ผมไม่อยู่ในห้อง
떠-ㄴ티- 폼 마이 유-나이허-ㅇ
제가 방에 없을 때

แหวนหายไปไหนก็ไม่รู้ครับ
왜-ㄴ 하-이 빠이 나이꺼-마이루-크랍
반지가 어디로 사라졌는지 모르겠어요.

ขอระงับใช้บัตรเครดิตนี้หน่อยครับ
커-라 응압 차이 밧 크레- 딧 니- 너-이 크랍
이 신용카드의 사용을 중단시켜 주세요.

สถานีตำรวจใกล้แถวนี้
싸타-니-땀루-엇끄라이태-우니-
이 근처에서 가까운 경찰서가 어디입니까?

อยู่ที่ไหนครับ
유- 티-나이 크랍

สถานที่รับคืนของหายอยู่ที่ไหนครับ
싸타-ㄴ 티-랍크-ㄴ커-ㅇ 하-이 유-티- 나이 크랍
분실물 수령처가 어디입니까?

สถานทูตเกาหลีอยู่ที่ไหนครับ
싸타-ㄴ투-ㅅ 까오리- 유- 티- 나이 크랍
한국대사관이 어디입니까?

ช่วยหาคนที่สามารถพูดภาษา
추-어이하-콘티-싸-마-ㅅ 푸-ㅅ 파- 싸-
한국말을 할 수 있는 분을 좀 찾아 주세요.

เกาหลีได้ให้หน่อยครับ
까오 리- 다이 하이 너-이 크랍

ช่วยออกหนังสือรับรองอุบัติเหตุ
추-어이어-ㄱ 낭 쓰- 랍 러-ㅇ우 밧 띠헤-ㅅ
저에게 사고증명서를 떼 주세요.

ให้ผมหน่อย
하이 폼 너-이

หมายเลขบัตรเครดิต
마-이 레-ㄱ 밧 크레- 딧
신용카드 번호는 243-752-4789.

243-752-4789
써-ㅇ씨-싸-ㅁ 키-ㅅ 젯하-써-ㅇ 키-ㅅ 씨-젯빼-ㅅ까오

잠깐만요!

분실 · 도난 · 사고와 관련된 유용한 표현

ช่วยด้วย 도와주세요!
추-어이두-어이

ออกไปซิ หยุดนะ 나가! 멈춰!
어-ㄱ 빠이 씨 윳 나

ขโมย 도둑이야!
카모-이

ช่วยเรียกรถพยาบาลเร็ว ๆ 빨리 구급차를 불러 주세요.
추-어이리-약 롯 파 야-바-ㄴ 레우레우

ผมถูกรถชนครับ 제가 차에 치였어요.
폼 투-ㄱ 롯 촌 크랍

어구정리

ลืม [르-ㅁ] 잊다 | **แท็กซี่** [택씨-] 택시 | **แหวน** [왜-ㄴ] 반지 | **หาย** [하-이] 없어지다, 사라지다 | **ระงับ** [라응압] 중지하다 | **ใช้** [차이] 사용하다 | **บัตรเครดิต** [밧크레-딧] 신용카드 | **สถานี** [싸타-니-] 소재지, 서(署), 장소, 역 | **ตำรวจ** [땀루-엇] 경찰 | **ใกล้** [끌라이] 가깝다 | **แถว** [태-우] 지역, 주변, 근처 | **สถานที่** [싸타-ㄴ티-] 장소 | **รับ** [랍] 받다 | **คืน** [크-ㄴ] 돌려주다, 반환하다 | **ของหาย** [커-ㅇ 하-이] 분실물 | **ช่วย** [추-어이] 돕다 | **หา** [하-] 찾다 | **สถานทูต** [싸타-ㄴ투-ㅅ] 대사관 | **สามารถ** [싸-마-ㅅ] ~할 수 있다 | **ออก** [어-ㄱ] 발행하다, 나가다 | **หนังสือรับรอง** [낭쓰-랍러-ㅇ] 보증서 | **หยุด** [윳] 멈추다 | **อุบัติเหตุ** [우밧띠헤-ㅅ] 사고 | **ขโมย** [카모-이] 도둑, 훔치다, 도둑질하다 | **เรียก** [리-약] 부르다 | **พยาบาล** [파야-바-ㄴ] 간호하다, 간병하다 | **รถพยาบาล** [롯파야-바-ㄴ] 구급차 | **ถูก** [투-ㄱ] 수동조동사 | **ชน** [촌] 충돌하다

1 **아래 한국어를 태국어로 작문하시오.**

① 그는 과학생장에 뽑혔습니다.

____

② 나는 선생님에게 맞았습니다.

____

③ 그는 자동차에 치여서 다리가 부러졌습니다.

____

④ 우리는 서둘러 밥을 먹고 일하러 갔다.

____

알아둡시다

ห้องเรียน (교실)

허-ㅇ 리-얀

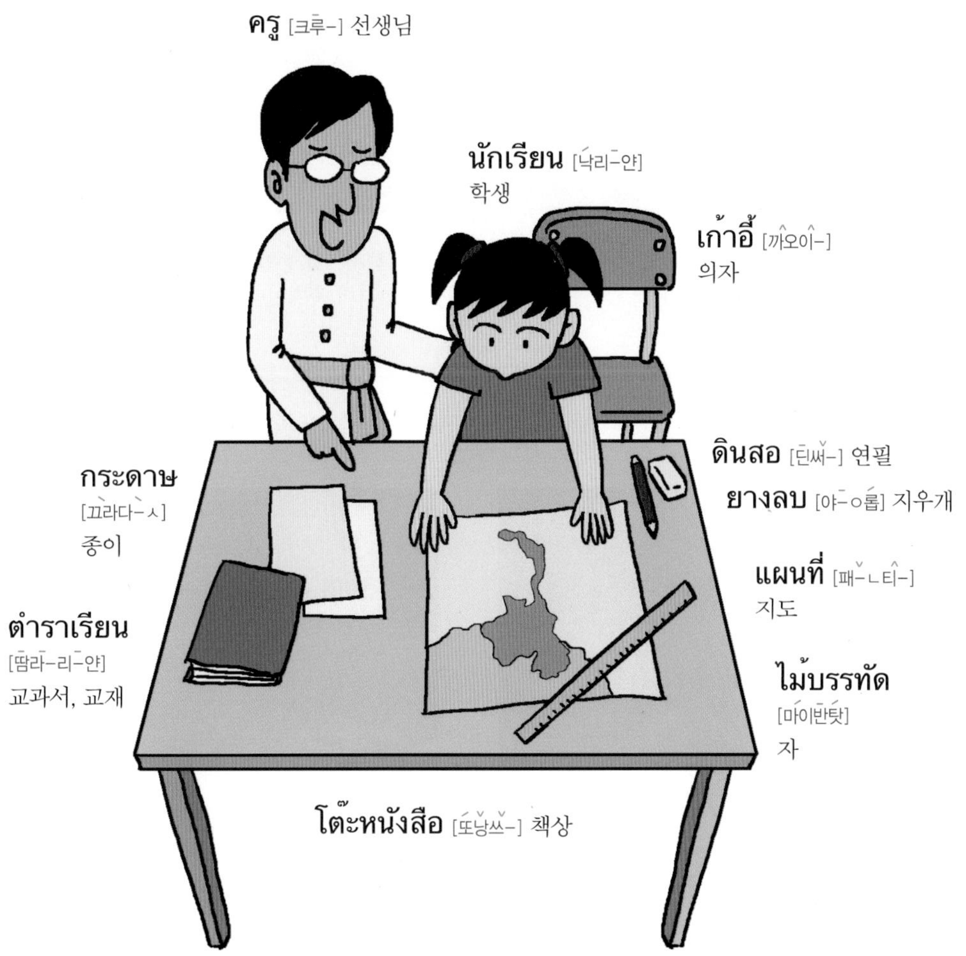

เทศกาล (축제)

테ˆ-ㅅ 싸ˋ 까-ㄴ

Photo by Sukpaiboonwat
Shutterstock.com

쏭크란 축제
เทศกาลสงกรานต์
[테ˆ-ㅅ싸ˋ까-ㄴ 쏭ˇ끄라-ㄴ]

매년 4월 13일에 시작해서 3일 동안 연휴로, 물을 뿌리며 새해를 축하하는 태국 최대 축제이다.

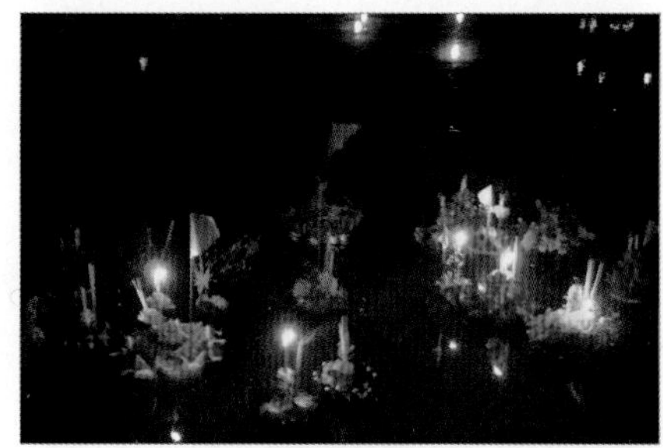

러이끄라통 축제
เทศกาลลอยกระทง
[테ˆ-ㅅ싸ˋ까-ㄴ 러-이끄ˋ라통]

태국식 음력 12월 보름에 바나나 잎과 꽃 등으로 만든 연꽃 모양의 부유물과 원통형의 등불을 만들어 강이나 공중으로 띄우며 소원을 비는 축제.

해답

문자와 발음

1

① 싸파-ㄴ 타 라-이

② 차-우 나-미-나-

③ 외-라-쿤 마- 카오 짜 낀 깨-ㅇ

④ 카오 마- 툭 티-

⑤ 나-이 킴 처-ㅂ 나-이 차-ㄴ

⑥ 로-ㄱ 캐-ㅂ 마-ㄱ

⑦ 루-ㄱ 커-ㅇ 카오 떠 때

⑧ 쓰-아 낀 우-어

⑨ 싸-미- 띠- 미-야

⑩ 융 깟 라오

⑪ 미-싸-ㄱ 마-ㄱ

⑫ 까라-러-이

⑬ 터-ㅇ 패-ㅇ 마-ㄱ

⑭ 카오 북 뜩 쑤-ㅇ

⑮ 나-이 리- 처-ㅂ 마 라 꺼-

⑯ 디찬 빠이 로-ㅇ 리-얀

⑰ 나-이 차-ㄴ 람

⑱ 비 다- 짜-ㅁ

⑲ 쓰-아 미- 하-ㅇ

⑳ 차-ㄴ 미- 키-ㅁ 야-우

2

① 타 라-이 ② 싸 파-ㄴ

③ 써-ㄴ ④ 터-ㅅ

⑤ 까 라- ⑥ 따-ㄱ

⑦ 땃 ⑧ 어-ㄱ

⑨ 얘 ⑩ 차-ㄴ

⑪ 싸-우 ⑫ 캐-ㅂ

⑬ 까-ㄴ ⑭ 하-ㄴ

⑮ 쏘-ㄱ ⑯ 꺼

⑰ 내 남 ⑱ 람 카-ㄴ

⑲ 버 ⑳ 빠이

㉑ 짜이 ㉒ 깜 짯

㉓ 푸-어 ㉔ 흑

㉕ 르-앗 ㉖ 화-쾌-ㅅ

㉗ 미-야 ㉘ 나-리까-

3

① 짜-ㅇ 카오 마이 카이 뜬 마이

② 태-ㅇ 러-ㄴ 뚝까따- 바오 파오

③ 끼-야우 께- 쓰- 카- 러-ㄴ

④ 허-ㅇ 피-얀 롬라-ㅇ 따오후- 느-아

⑤ 빼찌-야 꺼-ㄱ 야-ㅇ 하이 타-

4

① 크루- / 싸-ㅁ

크러-ㅇ / 쁘락

② 크라-ㅅ / 콴

아-꺼-ㄴ / 까씨꺼-ㄴ

③ 탕 / 찡

타-워-ㄴ / 깜마꺼-ㄴ

④ 탓싸나-쩌-ㄴ / 막

르-앙 / 아응운

⑤ 쁘라몽 / 싸부-

싸응옵 / 야-ㅇ

⑥ 꽈-ㅇ / 부-엄

탐 / 쩌-ㄴ짯

해답

Part 01

1
① นี่เป็นหนังสือ
② โน่นเป็นดินสอของเพื่อนผม
③ นั่นไม่ใช่หนังสือภาษาไทย

2
① 그것은 당신의 것입니까?
② 그는 어느 나라 사람입니까?
③ 당신은 평안하십니까?

3
① นี่เป็นอะไร
นี่เป็นกระเป๋า
นี่เป็นกระเป๋าของใคร
นี่เป็นกระเป๋าของผม
นี่ไม่ใช่กระเป๋าของผม
② นี่เป็นอะไร
นี่เป็นสมุด
นี่เป็นสมุดของใคร
นี่เป็นสมุดของผม
นี่ไม่ใช่สมุดของผม
③ นี่เป็นอะไร
นี่เป็นเสื้อ
นี่เป็นเสื้อของใคร
นี่เป็นเสื้อของผม
นี่ไม่ใช่เสื้อของผม

4
① ผม(ดิฉัน) ② เขา
③ คุณ ④ เรา
⑤ เธอ

5
① นี่ ② นั่น
③ โน่น ④ นี่
⑤ นั่น

6
① ใคร
누가 당신의 어머니입니까?
② ที่ไหน
당신은 어디로 일하러 가십니까?
③ ไหน
어느 분이 쏨차이 교수입니까?
④ อะไร
저것은 무엇입니까?
⑤ เมื่อไร
당신은 언제 태국에 가실 겁니까?

Part 02

1
① 어머니는 웃으신다.
② 그는 가지 않는다.
③ 나는 매우 화가 난다.
④ 당신은 안 먹습니까?
⑤ 나도 갑니다.

2

① พี่ชายไม่ไป
พี่ชายไปหรือ
พี่ชายไม่ไปหรือ
พี่ชายไปหรือไม่

② อาจารย์ไม่ไป
อาจารย์ไปหรือ
อาจารย์ไม่ไปหรือ
อาจารย์ไปหรือไม่

3

① เขาซึ่งชอบพนันจะต้องพินาศ
도박을 좋아하는 그는 반드시 파멸할 것이다.

② คุณสมชายที่เป็นเพื่อนผมกำลังอ่านหนังสือ
내 친구인 쏨차이는 책을 읽고 있다.

③ อาจารย์หญิงที่มาจากประเทศไทยสอนภาษาไทย
태국에서 온 잉교수님은 태국어를 가르친다.

④ หนังสือที่วางอยู่บนโต๊ะหายไปไหน
책상 위에 놓여 있는 책이 어디로 사라졌습니까?

Part 03

1

① ผม(ดิฉัน)เรียนภาษาไทย

② เธอไม่กินข้าว

③ เขาไปซื้อผลไม้

2

① เขาไม่เรียนภาษาไทย
เขาเรียนภาษาไทยหรือ
เขาไม่เรียนภาษาไทยหรือ
เขาเรียนภาษาไทยไหม
เขาเรียนภาษาไทยหรือไม่

② คุณพ่อไม่ทำงาน
คุณพ่อทำงานหรือ
คุณพ่อไม่ทำงานหรือ
คุณพ่อทำงานไหม
คุณพ่อทำงานหรือไม่

3

① คุณพ่อกำลังกลับบ้าน
คุณพ่อจะกลับบ้าน

② ดิฉันกำลังไปอ่านหนังสือภาษาไทย
ดิฉันจะไปอ่านหนังสือภาษาไทย

③ คุณแม่กำลังซักผ้า
คุณแม่จะซักผ้า

Part 04

1

① ภาษาไทยยากมาก

② วันนี้ผมเหนื่อยมาก

③ เสื้อตัวนั้นสวยมาก

④ วันนี้อากาศไม่ค่อยดี

⑤ ข้างนอกฝนตก

2

① อาจารย์ดีใจไม่ดี
อาจารย์ดีใจดีไหม
อาจารย์ดีใจไม่ดีหรือ

② บ้านคุณไม่ใกล้
บ้านคุณใกล้ไหม
บ้านคุณไม่ใกล้หรือ

Part 05

1

① 아버지는 돈을 많이 갖고 계시다.

② 당신의 집은 어디입니까?

③ 대학교에는 나무가 많이 있다.

④ 가방 안에 무엇이 있습니까?

⑤ 당신은 가족이 몇 명입니까?

⑥ 당신은 얼마나 오랫동안 태국어를 배웠습니까?

⑦ 당신은 밥을 먹었습니까? 아직입니까?

2

① สามแสนเจ็ดหมื่นแปดพันเก้าร้อยสี่สิบหก

② สามร้อยห้าสิบหก

③ ยี่สิบเอ็ด

④ สองหมื่นห้าพันหกร้อยเจ็ดสิบสอง

⑤ หนึ่งพันสองร้อยสี่สิบแปด

⑥ หนึ่งล้านสองแสนสี่หมื่นห้าพัน
เจ็ดร้อยยี่สิบแปด

3

①	เล่ม	②	แท่ง
③	คัน	④	ตัว
⑤	หลัง	⑥	ชุด
⑦	ห้อง	⑧	ลำ
⑨	ม้วน	⑩	คน

4

① ผมมีบ้านสามหลังที่ประเทศไทย

② คุณพ่อดื่มกาแฟหนึ่งถ้วย

③ เขาทานข้าวสองจาน

④ คุณแม่ซื้อหมวกสีแดงหนึ่งใบ

⑤ หมาสองตัวนั้นเป็นหมาเพื่อนของผม

Part 06

① วันนี้วันอะไรครับ

② วันนี้วันที่เท่าไรครับ

③ วันนี้วันอาทิตย์

④ วันนี้วันที่ยี่สิบห้า เดือนมีนาคม
ปีสองพันสิบสี่

⑤ ในประเทศไทยมีกี่ฤดู

⑥ ในประเทศไทยมีสามฤดู คือ มีฤดูร้อน
ฤดูฝน และฤดูหนาว

⑦ ตอนนี้กี่โมงครับ

⑧ บ่ายสองโมงสามสิบห้านาที

⑨ นี่(ราคา)เท่าไร

⑩ เขาชั้นปีที่เท่าไร

⑪ พรุ่งนี้ไปโรงเรียนด้วยกันดีไหม

Part 07

① คุณแม่ให้ดอกไม้ผม
② นั่นภาษาไทยเรียกว่าอะไร
③ เราเลือกเขาเป็นหัวหน้าภาค
④ ขอหนังสือนั้นหน่อย
⑤ คุณชื่ออะไรครับ(คะ)
⑥ ผม(ดิฉัน)ชื่อ......ครับ(ค่ะ)
⑦ ปีนี้คุณอายุเท่าไรครับ(คะ)
⑧ ยี่สิบเก้าปีครับ(ค่ะ)
⑨ คุณเกิดปีที่เท่าไรครับ(คะ)
⑩ เกิดปีหนึ่งเก้าแปดสองครับ(ค่ะ)

Part 08

1

① คน ② โรง
③ ผู้ ④ นัก
⑤ ช่าง ⑥ คน
⑦ ขี้ ⑧ เงิน
⑨ รถ ⑩ เครื่อง

2

① ห้องนั้นเป็นห้องรับแขก
② เขาไม่ใช่คนเกาหลี
③ คุณจะพักเท่าไรครับ(คะ)
④ พรุ่งนี้ว่าง(มีเวลา)ไหมครับ(คะ)
⑤ ว่าง(มีเวลา)ครับ(ค่ะ)

Part 09

① คุณเรียนวันละกี่ชั่วโมง
② ผมมีบ้านสองหลัง
③ ผมอยากจะไปประเทศไทยปีหน้า
④ อาหารไทยเป็นอาหารที่น่ากิน
⑤ วันนี้คุณไม่ต้องไปทำงาน
⑥ เราควรขยันเรียนเสมอ

Part 10

① พรุ่งนี้ผมไปเที่ยวไม่ได้
② คุณพ่อขับรถเป็น
③ ผมเดินไปอีกไม่ไหว
④ คุณพูดภาษาไทยได้ไหม
⑤ ได้/ไม่ได้
⑥ คุณมีใบขับขี่ไหมครับ(คะ)

Part 11

① คุณทำการบ้านเสร็จแล้วหรือยัง
② เสร็จแล้ว/ยังไม่เสร็จ
③ คุณพ่อทานข้าวแล้วก็ไปทำงาน
④ เขาแต่งงานเมื่อสามปีก่อน
⑤ เรียนเสร็จแล้วหรือยัง

해답

Part 12

① คุณเคยไปประเทศไทยไหม
② เคย/ไม่เคย
③ ยังไม่เคยไป
④ เชิญเข้ามาทีละคน
⑤ คุณไปหา(ไปเยี่ยม)คุณพ่อคุณแม่เดือนละกี่ครั้ง
⑥ ในห้องสมุดมีหนังสือต่าง ๆ
⑦ จากกรุงโซลถึงกรุงเทพใช้เวลากี่ชั่วโมง
⑧ ใช้เวลาหกชั่วโมง

Part 13

① เชิญ ② ต้อง
③ เป็น ④ เคย
⑤ อยาก ⑥ อย่า
⑦ ได้

Part 14

① เสีย ② ขึ้น
③ ไป ④ ไว้
⑤ ไป

Part 15

1

① แทน ② ด้วย
③ ตั้งแต่ ④ ระหว่าง
⑤ ทาง ⑥ ใน
⑦ เป็น ⑧ จนถึง

2

① เขามาจากบ้าน
② ผมส่งจดหมายไปเพื่อนไทย
③ คุณพ่อไปที่ทำงานโดยรถยนต์
④ เขาเรียนถึงการเมืองไทย
⑤ ที่ใกล้ ๆ บ้านผมมีโรงเรียน
⑥ หนังสือเล่มนี้สำหรับคุณ
⑦ เขามาที่ประเทศไทยเพื่อทำงาน
⑧ เด็กคนนั้นกับเพื่อนไปที่โรงเรียนด้วยกัน
⑨ คุณแม่อยู่ที่บ้านตลอดวัน
⑩ เธออ้วนเหมือนคุณแม่ของเธอ

3

① การวิ่ง 뜀, 뛰기
② ความรู้สึก 느낌
③ ความยาว 길이
④ การเต้นรำ 춤
⑤ ความสวย 미(美), 아름다움
⑥ การพิจารณา 검토

Part 17

1

① กับ ② ก็ตาม
③ แล้วก็ ④ หรือ
⑤ เมื่อ ⑥ ถ้าหาก
⑦ ถึงแม้ว่า ⑧ เพื่อ
⑨ เพราะ ⑩ ราวกับ

2

① เธอรักผมแต่ผมไม่รักเธอ
② ถ้าเขาไม่มาเราจะทำอย่างไร
③ คนนั้นถูกไล่ออกเพราะเขาเป็นคนไม่ดี
④ เรามีเงินน้อยดังนั้นเราจึงสู้เขาไม่ได้
⑤ หลังจากเรียนจบแล้วเขาได้งานทำ

3

① สองบวกหนึ่งเป็นสาม
② สิบลบหกเป็นสี่
③ สี่สิบแปดหารสามเป็นสิบหก
④ สามคูณเจ็ดเป็นยี่สิบเอ็ด
⑤ ห้าสิบสี่เปอร์เซ็นต์
⑥ สามในห้า

Part 18

① บ้านดิฉันใหญ่เท่าบ้านคุณ
บ้านดิฉันใหญ่กว่าบ้านคุณ
บ้านดิฉันใหญ่ที่สุด
② ดิฉันมีเงินเท่าคุณ
ดิฉันมีเงินมากกว่าคุณ
ดิฉันมีเงินมากที่สุด
③ เขาวิ่งเร็วเท่าคุณ
เขาวิ่งเร็วกว่าคุณ
เขาวิ่งเร็วที่สุด

Part 19

① ครูสั่งนักเรียนให้อ่านหนังสือ
② เขาสั่งผมให้ทำความสะอาดทุกวัน
③ ให้นักเรียนเอาหนังสือมา

Part 20

① เขาถูกคัดเลือกเป็นหัวหน้าภาค
② ผมถูกครูตี
③ เขาถูกรถชนและขาหัก
④ เรารีบทานข้าวแล้วไปทำงาน

버전업! 가장 쉬운 태국어 첫걸음

동양북스 채널에서 더 많은 도서
더 많은 이야기를 만나보세요!

유튜브

인스타그램

블로그

포스트

페이스북

카카오뷰